욕망은 꽃으로 남았다

Venus and Adonis, Sonnets

윌리엄 셰익스피어 지음
마이너스 옮김

일러두기

- 책의 각주는 모두 옮긴이의 주입니다.
- 인명, 지명, 독음 등은 외래어표기법을 따르되, 설명이 필요한 경우 주석 처리하였습니다.

욕망은 꽃으로 남았다

Venus and Adonis, Sonnets

목차

비너스와 아도니스 8

소네트 112
작품 해설 144
작가 연보 156

Venus and Adonis

비너스와 아도니스

자줏빛 얼굴의 태양이 이슬 맺힌 아침에게

마지막 작별을 고하며 막 떠나려 할 즈음,

장밋빛 뺨의 아도니스가 사냥길에 나섰네.

그는 사냥은 사랑했으나, 사랑은 비웃었도다.

상사병에 잠긴 비너스가 그를 향해 달려가

담대한 구혼자처럼 구애를 시작했네.

"나보다 세 배는 더 아름다운 이여."

그녀는 숨을 고르며 말을 이었네.

"들판의 으뜸 꽃, 비할 데 없이 달콤한 이여.

모든 님프들에게 수치를 주고 사내보다 더 고우며,

비둘기보다 희고 장미보다 붉은 그대여.

그대를 빚은 자연은 스스로와 다투며,

그대의 생이 끝나면 세상도

막을 내릴 것이라 하였네."

"경이로운 이여, 부디 말에서 내려주오.

그 오만한 머리를 안장머리에 매어 두시오.

이 부탁을 들어준다면, 그 보답으로 그대는

꿀처럼 달콤한 비밀 천 가지를 알게 되리라.

이리 와 앉으시오, 뱀 한 마리 얼씬 않는 이곳에.

자리에 앉으면 입맞춤으로 그대를 덮어주리이다."

"허나 그대 입술이 역겨운 포만감에

질리게 하진 않으리.

오히려 풍요 속에서 굶주리게 만들 터.

붉어졌다 창백해졌다, 신선한 변화를 주며.

열 번의 짧은 입맞춤은 한 번처럼,

한 번의 긴 입맞춤은 스무 번처럼.

여름날 하루가 한 시간처럼 짧게 느껴지리.

시간을 잊게 하는 그런 유희에 흠뻑 빠져든다면."

이 말을 마치자 그녀는 그의 땀에

젖은 손을 붙잡았네.

그 손은 힘과 생명의 증거였고,

열정에 떨며, 그것을 향유라 불렀네.

여신을 이롭게 할 지상의 특효약이라 여겼도다.

욕망에 사로잡히자 힘이 샘솟아,

용감하게 그를 말에서 끌어내렸네.

한 팔엔 혈기왕성한 준마의 고삐를 쥐고,

다른 팔 아래엔 어여쁜 소년을 끌어안았네.

소년은 무심한 경멸 속에

얼굴을 붉히며 입술을 내밀었고,

납덩이 같은 욕구에 장난칠 마음은 전혀 없었네.

그녀는 타오르는 숯불처럼 붉고 뜨거웠고,

그는 수치심에 붉어졌으나 욕망은 얼음장 같았네.

장식 박힌 굴레를 거친 나뭇가지에
날쌔게 매어두니—오, 사랑은 얼마나 민첩한가!—
말은 고삐에 매였고, 바로 그때
말 탄 이를 묶으려 그녀가 시도하네.
자신이 밀쳐지길 바라는 듯 그를 뒤로 밀치며,
욕정은 아니나 힘으로 그를 제압했네.

그가 눕자마자 그녀도 그 옆에 길게 몸을 눕히고,
둘은 팔꿈치와 엉덩이에 몸을 기댄 채 있었다.
그녀가 그의 뺨을 쓰다듬자 그는 얼굴을 찌푸리며,
꾸짖으려 하자 그녀는 재빨리 입술로
그의 말을 막았네.
입 맞추며 욕정 어린, 숨이 끊어지는 듯한
속삭임으로 말했으니,
"꾸짖으려 한다면, 그대 입술은
결코 열리지 못하리."

그는 부끄러움에 타오르고, 그녀는 눈물로
그의 뺨에 어린 순진한 홍조를 식혀주었네.
그러고는 바람 같은 한숨과 황금빛 머리칼로
부채질하여 그 뺨을 다시 말리려 애쓰네.
그는 그녀의 무례함을 탓하며 잘못을 지적했지만,
그 말마저 그녀의 입맞춤이 잠재워버렸네.

굶주려 날카로워진 독수리가
깃털과 살과 뼈를 부리로 쪼아대듯,
날개를 흔들며 허겁지겁 삼켜대니,
목구멍이 차거나 먹이가 사라질 때까지.
그처럼 그녀는 그의 이마, 뺨, 턱에 입 맞추고,
끝나는 그 자리에서 새로이 시작하였네.

억지로 만족할 뿐, 결코 순순히 따르지 않은 채,
그는 헐떡이며 그녀의 얼굴에 숨을 내쉬었네.
그녀는 그 숨결을 먹이처럼 음미하며,
천상의 습기, 은총의 공기라 불렀네.
자신의 뺨이 꽃 가득한 정원이기를 바라며,
그 증류된 이슬에 흠뻑 젖기를 꿈꾸었네.

보라, 새 한 마리가 그물에 얽힌 모습을.
그처럼 아도니스는 그녀의 팔 안에 갇혔네.
순수한 수치심과 두려운 저항이 그를 안달나게 하자,
그의 성난 눈동자엔 더 큰 아름다움이 피어났네.
넘실대는 강물에 비가 더해지면,
억지로라도 둑을 넘치게 하는 법이니.

그녀는 계속 애원했고, 아름답게 애원하며,
아름다운 귀에 맞춰 달콤한 이야기를 들려주었네.
그는 여전히 시무룩하고,
여전히 얼굴을 찌푸리며 안달했네.
진홍빛 수치심과 잿빛 분노 사이에서 흔들리며.
붉어지면 붉어진 대로,
창백해지면 창백한 대로, 그녀는 그를 사랑했네.
그녀의 기쁨은 더 큰 기쁨으로 부풀어만 갔네.

그가 무엇을 하든, 그녀는 사랑할 수밖에 없었네.
그녀의 아름답고 불멸의 손에 맹세하며,
그의 부드러운 가슴에서 결코
떠나지 않으리라 약속했지.
그가 그녀의 끝없는 눈물과 화해할 때까지.
그 눈물은 오래도록 비처럼 흘러
그녀의 뺨을 흠뻑 적셨고,
달콤한 입맞춤 한 번이면
이 셀 수 없는 빚이 갚아지리라.

그 약속에 그는 턱을 치켜들었네.
마치 물결 사이로 고개를 내미는 논병아리처럼,
누군가 바라보면 잽싸게 물속으로 숨는 모습처럼.
그렇게 그는 그녀가 갈망하던 것을 주려 했네.
그러나 그녀의 입술이
그 대가를 받으려 다가가자,
그는 눈을 찡긋하며 입술을 다른 쪽으로 돌렸네.

여름 더위 속 나그네가 물을 애타게 찾듯,
그녀는 이 은혜를 그보다 더 갈망했네.
도움은 눈앞에 보이나, 손에 닿지 않고,
물속에 잠겨 있으나, 불길은 타올라야 했네.
"오, 불쌍히 여기소서." 그녀는 울부짖었네.
"돌 같은 심장을 가진 소년이여,
내가 구하는 건 입맞춤 하나뿐,
어찌 그리 수줍어하는가?"

"나 또한 지금 그대에게 애원하듯,
한때 무섭고 두려운 전쟁의 신에게서 구애받았지.
그의 강인한 목은 전투에서 단 한 번도 숙인 적 없고,
가는 곳마다 모든 싸움을 제압하던 이였네.
**그러나 그는 나의 포로이자 노예가 되었고,
청하지 않아도, 받을 것을 애걸했지."**

"내 제단 위에는 그의 창을 걸어두었고,
찌그러진 방패와 꺾이지 않던 투구 장식도
함께 걸어두었네.
나를 위해 그는 유희와 춤을 배웠고,
장난치고, 희롱하며, 어울리고,
미소 짓고, 농담하는 법을 익혔지.
**그의 거친 북소리와 붉은 깃발을 경멸하며,
내 팔을 그의 전쟁터로,
내 침대를 그의 막사로 삼았네."**

"이렇듯 모든 것을 지배하던 그를 내가 지배했네,
붉은 장미 사슬로 묶어 포로처럼 이끌었지.
강철보다 강한 그의 힘도 내게 복종했고,
내 새침한 경멸 앞에서는 비굴하기까지 했네.
오, 오만하지 마오, 그대의 힘을 자랑하지 마오,
싸움의 신을 꺾은 나를 이겼다고 해서 말이오."

"그대의 아름다운 입술로 내 입술에 살짝 스쳐 주게,
내 입술이 그만큼 곱진 않으나, 붉기는 하네.
그 입맞춤은 내 것이자, 동시에 그대의 것이니,
땅만 바라보지 말고, 고개를 들게.
내 눈동자를 들여다보오,
그곳에 그대의 아름다움이 있네.
눈과 눈이 마주쳤으니,
입술과 입술은 왜 안 되겠나?"

"입 맞추기 부끄럽나? 그렇다면 눈을 감게,
나도 눈을 감으리니, 그러면 낮은 밤이 될 것이네.
사랑은 단둘뿐인 곳에서 축제를 벌이는 법,
대담하게 즐기시오,
우리의 유희는 아무도 보지 못하네.
**우리가 기댄 이 푸른 핏줄의 제비꽃들은
결코 비밀을 누설하지도,
우리의 뜻을 헤아리지도 못하네.**"

"그대의 매혹적인 입술에 맺힌 부드러운 봄은
그대의 미숙함을 드러내지만, 맛볼 가치는 충분하네.
시간을 활용하시오, 기회를 허비하지는 말게.
아름다움은 그 자체로 낭비되어서는 안 되네.
**한창때 꺾이지 않은 고운 꽃들은
곧 썩고 시들어 사라지고 말 것이네.**"

"만일 내가 험상궂고, 추하며, 주름진 늙은이라면,
천박하고, 등이 굽고, 거칠고, 쉰 목소리를 가졌다면,
지치고, 멸시받고, 류머티즘에 시달리는
차가운 몸이라면,
눈이 어둡고, 불임에, 여위고, 생기 없는 육신이라면,
그대는 망설였겠지, 나는 그대의 짝이 아니니.
그러나 아무 흠 없는 나를, 어찌하여 거부하는가?"

"내 이마에는 주름 하나 없고,
내 눈은 잿빛으로 반짝이며 빠르게 움직이네.
내 아름다움은 봄처럼 해마다 자라나고,
내 살결은 부드럽고 풍만하며,
내 골수는 불타오르네.
내 매끄럽고 촉촉한 손을 그대의 손으로 느껴보게,
그대 손바닥 안에서 녹아내리듯,
흐트러지듯 할 것이네."

"내게 말을 명한다면, 그대 귀를 매혹시키겠지.
요정처럼 푸른 잔디 위를 사뿐히 거닐며,
혹은 긴 머리를 흩날리는 님프처럼
모래 위에서 춤추어도 발자국 하나 남기지 않으리.
사랑은 온통 불로 된 영혼이라,
가라앉지 못할 만큼 가볍고, 날아오르려 하네."

"내가 누운 이 앵초 핀 둑이 증인이네.
이 연약한 꽃들이 굳건한 나무처럼 나를 지탱하고,
힘없는 비둘기 두 마리가 나를 하늘로 들어 올리니,
아침부터 밤까지, 내가 원하는 곳
어디든 데려다주네.
사랑이 이토록 가볍다니, 사랑스러운 소년이여,
어찌 그대는 그것이 무겁다고
생각할 수 있겠는가?"

"그대 자신의 마음이 그대 얼굴에 반했는가?
그대의 오른손이 왼손의 사랑을
붙잡을 수 있겠는가?
그렇다면 스스로에게 구애하고,
스스로에게 거절당하며,
자신의 자유를 훔치고는 도둑맞았다고 불평하네.
나르키소스도 그렇게 자신을 버리고,
개울 속 그림자에 입 맞추려다 죽었지."

"횃불은 불을 밝히기 위해, 보석은 치장을 위해,
진미는 맛보기 위해,
신선한 아름다움은 쓰이기 위해 있네.
약초는 향기를 위해, 수액 가득한 식물은
열매를 맺기 위해 있지.
스스로만을 위해 자라는 것은 성장의 남용이네.
씨앗에서 씨앗이 나고,
아름다움은 아름다움을 낳는 법.
그대도 태어났으니, 자손을 낳는 것이
그대의 의무이네."

"대지의 소산을 어찌 먹으려 하는가,

그대의 소산으로 대지를 먹이지 않는다면?

자연의 법칙에 따라 그대는 자손을 낳아야 하니,

그대 자신이 죽었을 때

그대의 자손이 살 수 있도록 말이네.

그리하여 죽음에도 불구하고

그대는 살아남으리니,

그대를 닮은 모습이 여전히

살아남아 있기 때문이네."

이 말을 할 즈음, 상사병 앓는 여왕은

땀을 흘리기 시작했네.

그들이 누운 자리에서 그늘이 사라졌기 때문이었지.

한낮의 열기에 지친 타이탄이

불타는 눈으로 그들을 뜨겁게 내려다보았네,

아도니스가 자신의 마차를 몰아주길 바라며,

자신이 그처럼 되어 비너스 곁에 있기를 소망했네.

이제 아도니스는 나른한 정신으로,

무겁고, 어둡고, 불쾌한 눈빛을 띠고,

찌푸린 눈썹이 그의 고운 시야를 가렸으니,

마치 안개가 하늘을 뒤덮은 듯했네.

뺨을 찡그리며 외쳤네.

"아, 사랑 얘기는 그만하시오.

햇볕에 얼굴이 타니, 이만 가야겠소."

"아아," 비너스가 말했네

"젊은데 어찌 이리 무정한가!

떠나려는 변명으로 그런 구차한 말을 하다니!

내가 천상의 숨결을 내쉴 테니, 그 부드러운 바람이

이글거리는 태양의 열기를 식혀주리다.

내 머리칼로 그대를 위한 그늘을 드리우고,

머리칼마저 타오르면, 내 눈물로 꺼주리다."

"하늘에서 비추는 태양은 그저 따스할 뿐,
태양과 그대 사이에 누워 있는 나를 봐주오.
그곳의 열기, 내게 해로울 것 하나 없으나,
그대의 눈이 쏘는 불꽃은 나를 불태우네.
내가 불멸의 존재가 아니었다면, 삶은 끝났으리
이 천상의 태양과 지상의 태양 사이에서."

"그대는 완고하고, 부싯돌 같고, 강철처럼 단단한가?
아니, 그대는 더하구나, 돌은 비에 무너지거늘.
여인의 아들이면서도 느끼지 못하는가,
사랑이 무엇인지, 결핍이 얼마나 고통스러운지를?
오, 그대 어머니가 그처럼 모진 마음을 품었다면,
그대를 낳지 못하고 무정하게 죽었을 것을."

"어째서 그대는 나를 이리도 경멸하는가?
내 구애가 큰 위험으로 느껴지는 것인가?
가여운 입맞춤 한 번에 입술이 닳기라도 하는가?
말해보오, 고운 이여. 고운 말을 하거나,
아니면 침묵하시오.
입맞춤 한 번 주면, 나도 하나 돌려주리다.
둘을 원한다면, 이자로 하나 더 얹어주리다."

"아, 생명 없는 그림, 차갑고 무감각한 돌이여,
잘 그려진 우상, 둔하고 죽은 형상이여,
오직 눈만 즐겁게 하는 조각상이여,
사람처럼 생겼으나
여자에게서 태어나지 않은 존재여.
그대는 사람의 모습을 하고 있으나,
사람이 아니로다,
사내들은 스스로의 의지로도 입 맞추려 하거늘."

이 말을 마치자, 조급함이

그녀의 애원하는 혀를 막고,

부풀어 오르는 열정이 말을 멈추게 하네.

붉은 뺨과 불타는 눈이 그녀의 부당함을 드러내니,

사랑의 재판관이면서, 제 사건을 바로잡지 못하네.

이제 그녀는 울고, 이제는 말하고 싶어 하나,

이제는 흐느낌이 그녀의 의도를 가로막네.

때로는 고개를 젓고, 때로는 그의 손을 잡고,

이제는 그를, 이제는 땅을 응시하네.

때로는 팔로 그를 감싸 안으니,

그녀는 원하나, 그는 그녀 팔에 묶이려 하지 않네.

그가 거기서 벗어나려 몸부림칠 때면,

그녀는 백합 같은 손가락을 서로 깍지 끼었네.

"귀여운 것아," 그녀가 말했네,
"내가 그대를 상아 울타리 안에 가두었으니,
나는 공원이 되고, 그대는 나의 사슴이 되리라.
산이든 골짜기든, 그대 원하는 곳에서 풀을 뜯으라.
내 입술에서 풀을 뜯고, 저 언덕이 마르면,
더 아래로 내려가오, 즐거운 샘물이 솟는 곳으로."

"이 경계 안에는 충분한 안식이 있소,
달콤한 계곡의 풀과 높고 즐거운 평원,
둥글게 솟은 작은 언덕들, 깊고 거친 덤불들이,
폭풍우와 비로부터 그대를 보호해 줄 것이오.
그러니 나의 사슴이 되어주오, 내가 그런 공원이니,
천 마리의 개가 짖어도,
한 마리도 그대를 깨우지 못하리."

이 말에 아도니스는 경멸하듯 미소 지으니,

양 뺨에 어여쁜 보조개가 나타났네.

사랑이 그 구덩이를 만들었으니,

만일 자신이 죽는다면,

그토록 소박한 무덤에 묻힐 수 있도록.

만약 그곳에 눕게 된다면, 사랑이 거기 살 것이고,

거기서는 죽을 수 없음을 잘 알고 있었기에.

이 사랑스러운 동굴,

이 둥글고 매혹적인 구덩이들이,

비너스의 환심을 삼키려 입을 벌렸네.

이미 미쳐 있었는데, 이제 그녀의 이성은 어찌 될까?

처음부터 죽은 듯했는데, 두 번째 일격이 필요할까?

가여운 사랑의 여왕이여,

자신의 법에 버림받았구나,

그대를 비웃는 뺨을 사랑하게 되었으니!

이제 어느 길로 가야 할까? 무슨 말을 해야 할까?
할 말은 다했고, 슬픔은 더욱 커져만 가네.
시간은 흘러가고, 그녀의 대상은 떠나려 하며,
그녀의 휘감는 팔에서 벗어나려 재촉하네.
"불쌍히 여기소서," 그녀가 외치네,
"조금의 호의를, 자비를!"
그는 훌쩍 뛰어올라, 자신의 말에게로 서둘러 갔네.

그러나 보라, 근처 덤불 속에서,
혈기왕성하고, 젊고, 도도한 암말 한 마리가,
아도니스의 발 구르는 준마를 발견하고는,
뛰쳐나와 코를 킁킁거리며 큰 소리로 울었네.
나무에 묶여 있던 목이 굵은 준마는,
고삐를 끊고 곧장 그녀에게로 달려갔네.

위풍당당하게 뛰어오르고, 울부짖고, 솟구치며,
이제 짜서 만든 뱃대를 끊어버리네.
단단한 발굽으로 대지를 상처 내니,
그 텅 빈 대지는 하늘의 천둥처럼 울려 퍼졌네.
쇠 재갈을 이빨로 물어 부수어 버리니,
자신을 제어하던 물건을 오히려 제어했네.

귀는 쫑긋 세우고, 땋아 늘어뜨린 갈기는
둥근 목덜미 위로 곤두섰네.
콧구멍은 공기를 들이마시고, 다시 내뿜으니,
마치 용광로에서 증기를 뿜어내는 듯했네.
경멸적으로 불처럼 번뜩이는 그의 눈은,
그의 뜨거운 용기와 드높은 욕망을 보여주었네.

때로는 걸음 수를 세는 듯 총총걸음으로 걷고,
온화한 위엄과 겸손한 긍지를 뽐내네.
이내 똑바로 일어서서, 뛰어오르고 도약하니,
마치 "보라, 나의 힘은 이렇게 시험받는다"고
말하는 듯.
"그리고 이 모든 것은 저기 서 있는
아름다운 암말의 눈을 사로잡기 위함이다."

주인의 성난 외침,
"이랴" 하는 아첨이나,
"서라"는 명령을 어찌 신경 쓰랴?
이제 재갈이나 뾰족한 박차를 어찌 신경 쓰랴?
화려한 마구나 값비싼 장식을 어찌 신경 쓰랴?
그는 자신의 사랑을 보고,
그 외에는 아무것도 보지 않으니,
그의 도도한 시선에는 다른 어떤 것도
들어오지 않았네.

보라, 화가가 실물을 능가하고자 할 때,
균형 잡힌 말을 그려내려 할 때,
그의 예술은 자연의 솜씨와 겨루니,
마치 죽은 것이 산 것을 초월하려는 듯.
그렇게 이 말은 평범한 말을 능가했으니,
모양, 용기, 색깔, 걸음걸이, 뼈대 모든 면에서.

둥근 발굽, 짧은 관절, 길고 덥수룩한 발목 털,
넓은 가슴, 가득 찬 눈, 작은 머리, 넓은 콧구멍,
높은 목덜미, 짧은 귀, 곧고 매우 튼튼한 다리,
가는 갈기, 풍성한 꼬리,
넓은 엉덩이, 부드러운 가죽.
보라, 말이 갖춰야 할 모든 것을 갖추었으나,
그토록 당당한 등 위에 당당한 기수만 없었네.

때로는 멀리 질주하다가 그곳에서 빤히 쳐다보고,
이내 깃털 하나 움직이는 소리에 깜짝 놀라네.
이제 바람과 경주할 준비를 하니,
그가 달리는지 나는지 분간할 수 없었네.
그의 갈기와 꼬리 사이로 높은 바람이 노래하며,
깃털 달린 날개처럼 물결치는 털을 부채질했네.

그는 자신의 사랑을 바라보며 그녀에게 울부짖고,
그녀는 그의 마음을 아는 듯 화답하네.
여인들이 그러하듯, 그의 구애에 으쓱해져,
겉으로는 낯선 척, 쌀쌀맞게 구네.
그의 사랑을 발로 차고
그가 느끼는 열기를 경멸하며,
그의 친절한 포옹을 뒷발굽으로 걷어찼네.

그러자 우울한 불평꾼처럼,

그는 떨어지는 깃털 같은 꼬리를 내리니,

그의 달아오른 엉덩이에 시원한 그늘을 드리웠네.

그는 발을 구르고, 분노에 차

가여운 파리들을 물었네.

그의 사랑은 그가 얼마나 격분했는지 알아차리고,

더 다정해졌고, 그의 분노는 가라앉았네.

그의 성마른 주인이 그를 잡으러 다가갈 때,

보라, 길들여지지 않은 암말은 두려움에 가득 차,

붙잡힐까 질투하여 재빨리 그를 버리고 떠나니,

말도 그녀와 함께, 아도니스를 거기에 남겨두었네.

그들은 미친 듯이 숲으로 달려가니,

그들을 앞지르려는 까마귀마저 따돌렸네.

분노로 온몸이 부어오른 채, 아도니스는 주저앉아,
사납고 제멋대로인 자신의 짐승을 저주했네.
그리고 이제 다시 한 번 행복한 기회가 찾아왔으니,
상사병 앓는 사랑이 애원으로
축복받을 수 있는 기회가.
연인들은 말하기를, 혀의 도움을 받지 못할 때
마음은 세 배의 상처를 입는다고.

막힌 화덕이나 갇힌 강물은, 더 뜨겁게 타오르고,
더 큰 분노로 부풀어 오르네.
숨겨진 슬픔도 이와 같다고 말할 수 있으니,
말로 자유롭게 풀어내면 사랑의 불길은 가라앉는 법.
하지만 마음의 변호사가 한번 침묵하면,
의뢰인은 절망적인 소송에서 패소하듯 무너지네.

그는 그녀가 오는 것을 보고

얼굴이 달아오르기 시작하니,

마치 꺼져가는 숯불이 바람에 되살아나듯.

모자로 성난 이마를 가리고,

혼란스러운 마음으로 침울한 땅을 내려다보네.

그녀가 그토록 가까이 있는 것을

알아채지 못하는 척,

곁눈질로 그녀를 시야에 담고 있었네.

오, 얼마나 놀라운 광경이었던가,

가만히 지켜보는 것은,

그녀가 변덕스러운 소년에게

살금살금 다가오는 모습을.

그녀의 얼굴빛이 싸우는 모습을 주목하는 것은,

어떻게 흰색과 붉은색이 서로를 파괴하는지를.

이제 그녀의 뺨은 창백했다가, 이내

하늘에서 번개가 치듯 불꽃을 터뜨렸네.

이제 그녀는 그가 앉은 바로 앞에 서서,
비천한 연인처럼 무릎을 꿇었네.
한쪽 고운 손으로 그의 모자를 들어 올리고,
다른 쪽 부드러운 손은 그의 고운 뺨을 어루만졌네.
그의 더 부드러운 뺨은
그녀의 부드러운 손자국을 받으니,
마치 갓 내린 눈이 어떤 자국이든 쉽게 받아들이듯.

오, 그때 그들 사이에 얼마나
격렬한 시선의 전쟁이 있었던가,
그녀의 눈은 그의 눈에게 간청하는 청원자였고,
그의 눈은 그녀의 눈을 못 본 척했으며,
그녀의 눈은 계속 구애하고,
그의 눈은 그 구애를 경멸했네.
그리고 이 모든 무언극은 그 행위가 명백해졌으니,
합창처럼 그녀의 눈에서 비 오듯 쏟아지는 눈물로.

이제 아주 부드럽게 그녀는 그의 손을 잡으니,

눈의 감옥에 갇힌 백합이요,

혹은 설화석고 띠에 감긴 상아라.

그토록 하얀 친구가 그토록 하얀 적을 감쌌네.

이 아름다운 싸움은, 의도적이면서도 마지못해,

나란히 앉아 부리를 맞대는

두 마리 은빛 비둘기 같았네.

다시 한번 그녀 생각의 기관이 작동하기 시작했네.

"오, 이 필멸의 세상에서 가장 아름다운 존재여,

그대가 나처럼 되고, 내가 사내였으면 좋으련만.

내 마음은 그대처럼 온전하고,

그대 마음은 나의 상처가 되었으면.

달콤한 눈길 한 번에 그대의 도움을 약속하리니,

내 몸의 파멸 외에는 그대를 치유할 것이 없더라도."

"내 손을 주시오," 그가 말했네, "왜 만지는 거요?"

"내 마음을 주오," 그녀가 말했네,

"그러면 그 손을 갖게 되리라.

오, 내게 주오, 그대의 단단한 마음이

그것을 강철로 만들까 두려우니,

강철이 되면, 부드러운 한숨도 결코 새길 수 없으리.

그러면 사랑의 깊은 신음도 결코 돌아보지 않으리,

아도니스의 마음이 내 마음을

단단하게 만들었으니."

"부끄러운 줄 아시오," 그가 외쳤네,

"놓으시오, 가게 해 주시오.

내 낮의 즐거움은 끝났고, 내 말은 가버렸소.

내가 말을 잃은 것은 당신 탓이오.

부디 여기서 떠나, 나를 홀로 내버려 두시오.

내 모든 마음과 생각, 바쁜 관심사는,

어떻게 내 말을 그 암말에게서

되찾아올까 하는 것뿐이오."

그녀가 이렇게 대답했네.

"그대의 말은 마땅히 그래야 하듯,

달콤한 욕망의 따뜻한 접근을 환영하고 있소.

애정은 식혀야만 하는 석탄과 같으니,

내버려 두면, 마음을 불태워 버릴 것이오.

바다에는 경계가 있으나, 깊은 욕망에는 없으니,

그러므로 그대의 말이 떠난 것은 놀랄 일이 아니오."

"얼마나 쓸모없는 짐승처럼 나무에 묶여 있었던가,

가죽 고삐에 비굴하게 매여서!

하지만 자신의 사랑, 젊음의 고운 보상을 보았을 때,

그는 그런 사소한 속박을 경멸했소.

굽힌 목덜미에서 천한 가죽끈을 던져버리고,

입과 등과 가슴을 해방시켰소."

"자신의 진정한 사랑이 벌거벗은 침대에 누워,
시트에게 흰색보다 더 흰 빛깔을
가르치는 것을 보고,
탐욕스러운 눈이 그토록 가득 채워졌을 때,
다른 감각들이 비슷한 기쁨을 노리지 않겠소?
날씨가 얼어붙을 것 처럼 춥다면,
누가 감히 불을 만지지 못할 만큼 연약하겠소?"

"그대의 말을 변호하게 해주오, 상냥한 소년이여,
그리고 그에게서 배우시오, 진심으로 간청하오니,
주어진 기쁨을 누리는 법을.
내가 벙어리일지라도, 그의 행동이 그대를 가르치오.
오, 사랑을 배우시오, 그 교훈은 간단하니,
한번 완벽해지면, 다시는 잃어버리지 않소."

"나는 사랑을 모르오," 그가 말했네,

"알고 싶지도 않소.

그것이 멧돼지라면 모를까, 그러면 쫓겠소.

빌리는 것은 과하고, 빚지고 싶지 않소.

사랑에 대한 내 사랑은

사랑을 욕되게 하는 사랑일 뿐.

내가 듣기로, 그것은 죽음 속의 삶이라 하니,

웃고 울고, 그 모든 것을 단 한숨에 한다고."

"누가 모양 없고 미완성인 옷을 입겠소?

누가 잎사귀 하나 돋기 전에 꽃봉오리를 꺾겠소?

싹트는 것들이 조금이라도 줄어들면,

한창때에 시들어, 아무 가치 없게 되오.

어릴 때 등에 타고 짐을 진 망아지는,

긍지를 잃고, 결코 강하게 자라지 못하오."

"손을 비틀어 아프게 하니, 헤어집시다.
이 쓸데없는 주제, 이 무익한 잡담은 그만둡시다.
내 완강한 마음에서 포위를 푸시오.
사랑의 경보에는 결코 문을 열지 않을 것이오.
당신의 맹세, 거짓 눈물, 아첨은 거두시오.
마음이 단단한 곳에서는
아무런 공격도 되지 못하니."

"뭐라고! 말을 할 줄 아는가?" 그녀가 말했네,
"혀가 있는가?
오, 그대가 혀가 없거나,
내게 귀가 없었으면 좋으련만.
그대의 인어 같은 목소리는
내게 이중의 상처를 주었소.
이미 짐이 있었는데, 이제 짊어져
짓눌리게 되었으니.
멜로디 같은 부조화, 천상의 곡조이나 거친 소리,
귀에는 깊고 달콤한 음악,
마음에는 깊고 아픈 상처라."

"내게 귀만 있고 눈이 없었더라도,

내 귀는 사랑했으리,

그 내면의 보이지 않는 아름다움을.

혹은 내가 귀머거리였더라도,

그대의 외모는 움직였으리,

내 안의 감각 있는 모든 부분을.

눈도 귀도 없어, 듣지도 보지도 못하더라도,

나는 그대를 만짐으로써 사랑에 빠졌을 것이오."

"만지는 감각마저 빼앗기고,

보고, 듣고, 만질 수도 없으며,

오직 후각만 남았다고 해도,

그대에 대한 내 사랑은 여전히 그만큼 클 것이오.

그대의 뛰어난 얼굴이라는 증류기에서

향기로운 숨결이 나와, 냄새로 사랑을 낳으니."

"하지만 오, 그대는 미각에
얼마나 훌륭한 향연이겠는가,
다른 네 감각의 유모이자 양육자이니.
그들은 이 향연이 영원히 계속되기를
바라지 않겠는가,
의심에게 문을 이중으로 잠그라고 명하지 않겠는가,
시큼하고 반갑지 않은 손님인 질투가,
슬며시 들어와 향연을 방해하지 못하도록?"

다시 한번 루비 빛깔의 문이 열리니,
그의 말에 꿀 같은 통로를 내어주었네.
마치 붉은 아침이 언제나 예고하듯,
뱃사람에게는 난파를, 들판에는 폭풍을,
목자에게는 슬픔을, 새들에게는 비애를,
목동과 가축 떼에게는 돌풍과 사나운 바람을.

이 불길한 징조를 그녀는 신중하게 알아차렸네.
마치 바람이 비 오기 전에 잠잠해지듯,
혹은 늑대가 짖기 전에 이를 드러내듯,
혹은 산딸기가 터져 물들기 전처럼,
혹은 총의 치명적인 총알처럼,
그의 말이 시작되기도 전에 그의 의도가
그녀를 쳤네.

그리고 그의 표정에 그녀는 그대로 쓰러졌으니,
표정은 사랑을 죽이고, 사랑은 표정으로
되살아나기 때문이라.
미소는 찌푸림의 상처를 치료하니,
사랑으로 그토록 번성하는 자는 복된 파산자로다!
어리석은 소년은 그녀가 죽었다고 믿고,
그녀의 창백한 뺨을 때리니, 때려서 붉어질 때까지.

그리고 깜짝 놀라 방금 품었던 생각을 멈췄으니,

그는 그녀를 날카롭게 꾸짖으려 생각했기 때문이라.

교활한 사랑이 재치 있게 이를 막았으니,

그녀를 그토록 잘 변호할 수 있는

재치에 축복이 있기를!

그녀는 마치 죽은 듯 풀밭에 누워 있으니,

그의 숨결이 그녀에게 다시 생명을 불어넣을 때까지.

그는 그녀의 코를 비틀고, 뺨을 때리고,

손가락을 구부리고, 맥박을 세게 짚어보네.

입술을 문지르며, 천 가지 방법으로 애쓰니,

자신의 무정함이 망친 상처를 고치려고.

그가 그녀에게 입 맞추니, 그녀는 제 맘대로라면,

그가 계속 입 맞춰준다면, 결코 일어나지 않으리.

슬픔의 밤은 이제 낮으로 바뀌었네.
그녀의 두 푸른 창문을 희미하게 들어 올리니,
마치 태양이 새롭고 아름다운 모습으로
아침을 환하게 하고 온 세상을 구원하듯.
그리고 밝은 태양이 하늘을 영화롭게 하듯,
그녀의 얼굴은 그녀의 눈으로 환하게 빛났네.

그 눈빛은 그의 솜털 없는 얼굴에 고정되었으니,
마치 거기서 모든 빛을 빌려온 듯.
만약 그의 눈이 찌푸린 눈썹으로 흐려지지 않았다면,
그런 네 개의 등불이 함께 섞인 적은 없었으리.
하지만 수정 같은 눈물을 통해
빛을 내는 그녀의 눈은,
밤에 물에 비친 달처럼 빛났네.

"오, 나는 어디에 있는가?" 그녀가 말했네,
"땅인가, 하늘인가?
아니면 대양에 잠겼는가, 불 속에 있는가?
지금은 몇 시인가? 아침인가, 지친 저녁인가?
나는 죽기를 기뻐하는가, 아니면 삶을 갈망하는가?
방금 전 나는 살았고, 삶은 죽음의 고통이었네.
방금 전 나는 죽었고, 죽음은 생생한 기쁨이었네."

"오, 그대가 나를 죽였소. 다시 한번 나를 죽여주오.
그대 눈의 교활한 스승, 그 단단한 마음이,
그들에게 경멸적인 기술과 그런 경멸을 가르쳐,
이 가여운 내 마음을 살해했소.
그리고 내 눈은, 여왕의 진정한 인도자로서,
그대의 가엾은 입술이 아니었다면,
더는 보지 못했으리."

"이 치유를 위해 그 입술들이

오래도록 서로 입 맞추기를!

오, 그 진홍빛 제복이 결코 닳지 않기를,

그리고 그것들이 지속되는 한,

그 푸르름이 계속되어,

위험한 해로부터 전염병을 몰아내기를.

그리하여 점성가들이 죽음에 대해 글을 쓴 후에,

역병이 그대의 숨결로 사라졌다고 말할 수 있도록."

"순수한 입술, 내 부드러운 입술에

찍힌 달콤한 인장이여,

계속 인장을 찍기 위해 어떤 거래를 할 수 있을까?

나 자신을 파는 것도 기꺼이 만족할 수 있으니,

그대가 사고, 값을 치르고, 정당하게 거래한다면.

만약 그대가 이 구매를 한다면, 실수를 두려워하여,

내 밀랍처럼 붉은 입술에

그대의 인장을 찍어주오."

"천 번의 입맞춤이 내 마음을 사가리니,
그대 편할 때 하나씩 지불하시오.
천 번의 접촉이 그대에게 무엇이겠소?
금방 세고 금방 사라지지 않겠소?
미지급으로 빚이 두 배가 된다고 해도,
이천 번의 입맞춤이 그리 큰 수고이겠소?"

"아름다운 여왕이여," 그가 말했네,
"만약 내게 사랑이 있다면,
내 미숙한 나이로 내 낯섦을 헤아려 주시오.
나 자신을 알기 전에, 나를 알려고 하지 마시오.
어떤 어부도 자라지 않은 치어는 잡지 않는 법.
잘 익은 자두는 떨어지고,
푸른 것은 단단히 붙어 있거나,
일찍 따면, 맛이 시큼하오."

"보시오, 세상의 위안자가 지친 걸음으로
서쪽에서 낮의 뜨거운 과업을 마쳤소.
밤의 전령인 올빼미가 비명을 지르니, '너무 늦었소.'
양들은 우리로, 새들은 둥지로 갔소.
**그리고 하늘의 빛을 가리는 석탄처럼 검은 구름이
우리에게 헤어지라 명하며, 잘 자라 인사하오."**

"이제 안녕히 주무시라 말하게 해주시오,
당신도 그리 말하시오.
만약 그리 말한다면, 입맞춤을 받으리다."
"안녕히," 그녀가 말했네.
그리고 그가 작별을 고하기 전에,
이별의 달콤한 대가가 바쳐졌네.
**그녀의 팔이 그의 목에 달콤한 포옹을 선사하니,
그들은 한 몸이 된 듯, 얼굴이 얼굴에 맞닿았네.**

숨이 멎을 때까지 그는 떨어져 뒤로 물러났네,

그 천상의 습기, 그 달콤한 산호 같은 입술에서.

그 귀한 맛을 그녀의 목마른 입술은

잘 알고 있었으니,

거기서 과식하면서도, 갈증을 호소했네.

그는 그녀의 풍요에 짓눌리고,

그녀는 결핍에 기절하여,

입술을 서로 붙인 채, 땅으로 쓰러졌네.

이제 재빠른 욕망이 순종적인 먹이를 잡았고,

탐식가처럼 그녀는 먹지만, 결코 채우지 못하네.

그녀의 입술은 정복자요, 그의 입술은 복종하며,

침략자가 원하는 몸값을 지불하네.

그녀의 독수리 같은 생각은 값을 너무 높게 매겨,

그의 입술의 풍부한 보물을 말려버릴 기세였네.

그리고 그 약탈물의 달콤함을 맛본 후,

눈먼 분노로 그녀는 약탈하기 시작하네.

얼굴은 김이 나고 연기가 피어오르며,

피는 끓어오르고,

무모한 욕정은 절망적인 용기를 불러일으키네.

망각을 심고, 이성을 물리치며,

순수한 수치심의 홍조와 명예의 파멸을 잊었네.

뜨겁고, 기진맥진하고, 지친 채, 그녀의 거친 포옹에,

너무 많이 만져져 길들여진 야생 새처럼,

혹은 추격에 지친 발 빠른 노루처럼,

혹은 어르고 달래져 잠잠해진 고집 센 아기처럼.

그는 이제 복종하고, 더는 저항하지 않으니,

그녀는 원하는 모든 것이 아닌,

할 수 있는 모든 것을 취했네.

어떤 얼어붙은 밀랍인들 달구면 녹지 않으며,
결국 모든 가벼운 자국에 굴복하지 않겠는가?
희망 없는 일들도 종종 모험으로 이루어지니,
특히 사랑에서는, 허락이 위임을 넘어서는 법.
애정은 창백한 얼굴의 겁쟁이처럼 기절하지 않고,
상대가 가장 완강할 때 가장 잘 구애하는 법이라.

그가 얼굴을 찌푸렸을 때,
오, 그녀가 그때 포기했더라면,
그의 입술에서 그런 신의 음료를 빨지 못했으리.
거친 말과 찌푸림이 연인을 물리쳐서는 안 되니,
장미에 가시가 있은들, 어찌 꺾지 않으랴.
아름다움이 스무 개의 자물쇠 아래
굳게 갇혀 있더라도,
사랑은 뚫고 들어가, 마침내 그 모든 것을 따는 법.

이제 동정심에 그녀는 더 이상

그를 붙잡을 수 없었네.

가여운 바보는 떠나게 해달라고 그녀에게 기도하네.

그녀는 더 이상 그를 붙잡지 않기로 결심하고,

작별을 고하며, 그녀의 마음을 잘 돌보라고 말했네.

큐피드의 활에 맹세코, 그 마음은

그가 가슴속에 가둔 채로 가져간다고.

"사랑스러운 소년이여," 그녀가 말했네,

"오늘 밤 나는 슬픔으로 지새우리,

내 병든 마음이 내 눈에게 깨어 있으라 명하니.

말해주오, 사랑의 주인이여,

우리가 내일 만날 수 있을지.

말해주오, 다시 만날 수 있겠소? 약속해 주겠소?"

그는 안 된다고 말했네, 내일 그는

몇몇 친구들과 멧돼지를 사냥할 작정이라고.

"멧돼지라고!" 그녀가 말했네.
그러자 갑자기 창백함이,
마치 붉은 장미 위에 얇은 천이 펼쳐지듯,
그녀의 뺨을 덮었고, 그녀는 그의 말에 떨며,
그의 목에 멍에처럼 팔을 던졌네.
그녀는 그의 목에 매달린 채로 쓰러지고,
그는 그녀의 배 위로, 그녀는 등 위로 쓰러졌네.

이제 그녀는 바로 사랑의 경기장 안에 있네,
그녀의 투사는 뜨거운 접전을 위해 올라탔네.
그녀가 겪는 모든 것은 상상일 뿐,
그가 그녀 위에 올라탔을지언정,
그녀를 다루려 하지 않네.
탄탈로스의 고통보다 더한 것이 그녀의 괴로움이니,
낙원을 껴안고도 기쁨을 누리지 못하는 것이라.

마치 그려진 포도에 속은 가여운 새들이,

눈으로 과식하고 위장은 굶주리듯.

그렇게 그녀는 자신의 불행 속에서 시들어 가니,

도움 없이 열매를 본 그 가여운 새들처럼.

그녀가 그에게서 찾지 못한 따뜻한 효과를,

끊임없는 입맞춤으로 불붙이려 애쓰네.

하지만 모든 것이 헛되도다,

선한 여왕이여, 그리되지는 않으리.

그녀는 증명될 수 있는 만큼 시도했네.

그녀의 애원은 더 큰 대가를 받을 만했으나,

그녀는 사랑이고, 사랑하며,

그럼에도 사랑받지 못하네.

"아, 아," 그가 말했네, "날 짓누르니, 가게 해주시오.

날 이렇게 붙잡을 이유가 없소."

"그대는 이미 떠났을 것이오, 사랑스러운 소년이여.
차라리 그대가 멧돼지를 사냥하겠다고
말하지 않았다면.
오, 조심하시오. 그대는 그것이 무엇인지 모르오,
투창 끝으로 사나운 돼지를 찌르는 것이
어떤 것인지를.
그의 결코 칼집에 넣지 않는 엄니는
계속 갈고 있으니,
죽이기로 작정한 필멸의 도살자처럼."

"그의 활처럼 휜 등에는 전투 태세가 갖춰져 있소,
언제나 적을 위협하는 뻣뻣한 창들로.
그의 눈은 그가 안달할 때 반딧불처럼 빛나고,
그의 주둥이는 가는 곳마다 무덤을 파오.
움직이면, 길에 있는 것은 무엇이든 치고,
그가 치는 자는 그의 구부러진 엄니에
죽임을 당하오."

"털이 많은 강모로 무장한 그의 근육질 옆구리는,
그대의 창끝이 뚫을 수 있는 것보다 더 나은 방패요.
그의 짧고 굵은 목은 쉽게 다치지 않으며,
화가 나면, 사자에게도 덤벼들 것이오.
가시 돋친 덤불과 얽힌 수풀은,
그를 두려워하듯, 그가 돌진할 때 갈라지오."

"아아! 그는 그대의 그 얼굴을 조금도 존중하지 않소,
사랑의 눈들이 조공을 바치듯 응시하는 그 얼굴을.
그대의 부드러운 손, 달콤한 입술, 수정 같은 눈도,
온 세상이 경탄하는 그 완전한 아름다움들도.
그가 그대를 잡는다면, 놀랍고 두렵게도!
그가 목초지를 파헤치듯
이 아름다움을 파헤칠 것이오."

"오, 그가 그의 역겨운 오두막에 계속 머물게 하오,
아름다움은 그런 추악한 악마들과는 상관이 없소.
그대의 의지로 그의 위험 속으로 들어가지 마오.
잘 되는 사람들은 친구의 조언을 듣는 법.
그대가 멧돼지를 이름 댔을 때,
숨기지 않고 말하건대,
나는 그대의 운명이 두려워, 관절이 떨렸소."

"내 얼굴을 보지 못했소, 창백하지 않았소?
내 눈에 숨어있는 두려움의 징후를 보지 못했소?
내가 기절하지 않았소, 그대로 쓰러지지 않았소?
그대가 누워있는 내 가슴속에서,
내 불길한 심장은 헐떡이고, 뛰고, 쉬지 못하며,
마치 지진처럼, 내 가슴 위에서 그대를 흔드오."

"사랑이 다스리는 곳에서는, 방해하는 질투가
스스로를 애정의 파수꾼이라 부르오.
거짓 경보를 울리고, 반란을 부추기며,
평화로운 시간에 '죽여라, 죽여라!' 외치오.
온화한 사랑의 욕망을 어지럽히니,
공기와 물이 불을 약화시키듯."

"시큼한 정보원, 불화를 낳는 스파이,
사랑의 부드러운 봄을 갉아먹는 수다쟁이,
불화를 일으키는 질투는,
때로는 참된 소식을, 때로는 거짓 소식을 가져와,
내 심장을 두드리고, 내 귀에 속삭이오,
내가 그대를 사랑한다면,
그대의 죽음을 두려워해야 한다고."

"그리고 그 이상으로, 내 눈앞에 제시하오,
성나서 거품을 무는 멧돼지의 그림을.
그 날카로운 송곳니 아래, 등에 누워있는 것은
온통 피로 물든 그대와 같은 형상이오.
**그 피가 신선한 꽃들 위에 뿌려지면,
꽃들은 슬픔에 고개를 숙이고 시드오.**"

"그대를 그렇게 실제로 본다면, 나는 어찌해야 할까,
상상만으로도 떠는 내가?
그 생각만으로도 내 희미한 심장은 피를 흘리고,
두려움은 내게 예언을 가르치오.
**나는 그대의 죽음을,
나의 살아있는 슬픔을 예언하오,
만약 그대가 내일 멧돼지와 마주친다면.**"

"하지만 꼭 사냥을 해야겠다면, 내 말을 따르시오.
겁 많은 날쌘 토끼에게 사냥개를 풀거나,
교활함으로 사는 여우에게,
혹은 감히 맞서지 못하는 노루에게.
이 두려움 많은 짐승들을 언덕 너머로 쫓고,
숨찬 말 위에서 사냥개들과 함께하시오."

"그리고 그대가 눈먼 토끼를 쫓을 때,
가여운 녀석이 제 고난을 벗어나려는 것을 보시오.
어떻게 바람을 앞지르는지, 얼마나 조심스럽게
천 번의 속임수로 방향을 틀고 교차하는지를.
그가 통과하는 수많은 굴들은
적들을 혼란시키는 미로와 같소."

"때로는 양 떼 속으로 달려가,

교활한 사냥개들이 냄새를 혼동하게 하고,

때로는 땅 파는 토끼들이 사는 곳으로 가,

시끄러운 추격자들의 함성을 멈추게 하오.

그리고 때로는 사슴 떼와 어울리니,

위험은 계략을 고안하고, 재치는 두려움을 따르오."

"거기서 그의 냄새가 다른 것들과 섞이면,

뜨거운 냄새를 맡는 사냥개들은 의심하게 되고,

소란스러운 울음을 멈추고, 마침내

많은 노력 끝에 희미한 흔적을 깨끗이 가려내오.

그러면 그들은 입을 열어 짖어대니,

메아리가 화답하네,

마치 또 다른 사냥이 하늘에서 벌어지는 것처럼."

"이때쯤, 가여운 녀석은 언덕 저 멀리서,

뒷다리로 서서 귀를 기울이네,

적들이 여전히 자신을 쫓는지 들으려고.

이내 그들의 시끄러운 경보를 듣게 되오.

그리고 이제 그의 슬픔은 절망으로 메아리치오,

그 비애는 마치 임종의 종소리를 듣는 것과 같으리."

"그러면 그대는 이슬에 흠뻑 젖은 가여운 녀석이

길을 따라 방향을 틀고 또 트는 것을 보게 되리.

모든 시샘하는 가시덤불이 그의 지친 다리를 긁고,

모든 그림자가 그를 멈추게 하고,

모든 속삭임이 머물게 하오.

불행은 많은 이에게 짓밟히고,

낮아지면 결코 누구에게도 구원받지 못하오."

"조용히 누워, 조금만 더 들으시오.
아니, 몸부림치지 마오, 일어나지 못할 테니.
그대가 멧돼지 사냥을 미워하게 만들려고,
나답지 않게 그대는 내가
도덕을 설파하는 것을 듣고 있소.
이것을 저것에, 저것을 그것에 적용하며,
사랑은 모든 슬픔에 대해 해설할 수 있으니."

"내가 어디까지 말했더라?"
"상관없소," 그가 말했네.
"나를 내버려 두면, 이야기는 적절히 끝나오.
밤은 깊었소."
"그래서, 그게 뭐 어쨌단 말이오?" 그녀가 말했네.
"친구들이 기다리고 있소." 그가 말했네,
그리고 이제 어두우니, 가다가 넘어질 것이오."
"밤에는 욕망이 가장 잘 보는 법이오."
그녀가 말했네,

"하지만 그대가 넘어진다면,

오, 그러면 이렇게 상상하시오,

대지가 그대와 사랑에 빠져, 발을 걸었다고.

그리고 모든 것은 그대에게서

입맞춤을 훔치기 위함이라고.

값진 먹잇감은 정직한 사람을 도둑으로 만들고,

그대 입술도 그러하오.

정숙한 다이아나[1]를 흐리고 슬프게 만드니,

그녀가 입맞춤을 훔치고

맹세를 어겨 죽을까 두려워서."

"이제 이 어두운 밤의 이유를 알겠소.

신시아[2]는 부끄러워 은빛을 감추었소.

조작하는 자연이 반역죄로 단죄받을 때까지,

신성한 하늘의 형틀을 훔친 죄로.

그 안에서 그녀는 그대를 빚었으니,

드높은 하늘을 거역하여,

낮에는 태양을, 밤에는 자신을 부끄럽게 하려고."

---

1 로마 신화의 달과 사냥, 정결의 여신. 셰익스피어 작품에서는 여성의 정절과 순결, 또는 사냥꾼의 이미지를 비유적으로 표현할 때 쓰인다.
2 그리스 신화에서 아르테미스(Artemis)의 또 다른 이름. 달, 순결, 변함없는 빛을 상징하는 시적 호칭으로 사용

"그러므로 그녀는 운명의 여신들에게 간구했소,

자연의 기묘한 솜씨를 꺾어달라고.

눈부신 아름다움을 병약함과 섞고,

순수한 완벽함을 불순한 결함과 섞도록.

그리하여 그것을 폭정에 종속시키며,

미친 불운과 비참함 속에 붙들어 두려 했소."

"불타는 열병, 창백하고 희미한 학질,

생명을 독살하는 역병과 미친 광기,

골수를 파먹는 질병, 그 오염은

피를 뜨겁게 하여 혼란을 낳고,

과식, 종기, 슬픔, 저주받은 절망이,

그대를 그토록 아름답게 빚은

자연의 죽음을 맹세하오."

"그리고 이 모든 질병 중 가장 사소한 것조차
단 일 분의 싸움으로 아름다움을 굴복시키오.
용모, 향기, 빛깔, 자질 모두,
편견 없는 관찰자가 최근에 경탄했던 것들이,
갑자기 낭비되고, 녹아내려, 사라지니,
산의 눈이 한낮의 태양에 녹듯."

"그러므로 헛된 순결,
사랑 없는 베스타 여사제들과
자기애에 빠진 수녀들을 경멸하고,
그들은 지상에 희소성을 낳으려 하니,
딸과 아들의 불모의 결핍을.
아낌없이 베푸시오. 밤에 타는 등불은
세상에 빛을 빌려주기 위해 제 기름을 말리오."

"그대의 몸은 삼키는 무덤 외에 무엇인가,

그 후손을 묻어버리는 것처럼 보이니,

시간의 권리에 따라 그대가 마땅히

가져야 할 후손을,

만약 그대가 어두운 무지 속에서 이를 거부한다면.

만약 그렇다면, 세상은 그대를 경멸하리니,

그대의 오만 속에서 그토록 아름다운

희망이 살해되었기에."

"그렇게 그대 자신 안에서 그대 자신이 사라지니,

내전보다 더 나쁜 재앙이요,

혹은 절망적인 손으로 자살하는 자들의 재앙,

혹은 아들의 생명을 빼앗는

도살자 아버지의 재앙이라.

추악하고 좀먹는 녹이 숨겨진 보물을 갉아먹지만,

사용되는 금은 더 많은 금을 낳는 법이오."

"아니, 그렇다면," 아돈³이 말했네, "당신은 다시
그 쓸데없고 진부한 주제로 빠져들 것이오.
내가 준 입맞춤은 헛되이 베풀어졌고,
당신은 헛되이 흐름을 거슬러 애쓰고 있소.
이 검은 얼굴의 밤, 욕망의 추악한 유모에 맹세코,
당신의 쓸데없는 말은 당신이 더욱 싫어지게 하오."

"사랑이 당신에게 이만 개의 혀를 빌려주었고,
모든 혀가 당신 자신의 혀보다 더 감동적이며,
변덕스러운 인어의 노래처럼 매혹적이라 해도,
내 귀에서는 그 유혹적인 곡조가 날아가 버렸소.
알아두시오, 내 마음은 내 귀에 무장하고 서서,
거짓된 소리가 들어오지 못하게 할 것이오."

---

3 고대 근동 및 그리스 신화에서 기원한 아도니스(Adonis)의 이름을 변형한 표현. 고대 근동 언어에서 '주인' 또는 '주님'을 뜻하는 adon에서 왔으며, 르네상스 시기에는 완벽한 미남, 젊음과 아름다움의 상징으로 자주 사용되었다.

"속이는 화음이 흘러들어와

내 가슴의 조용한 울타리 안으로 들어와,

그러면 내 작은 마음은 완전히 망가지고,

그 침실에서 안식을 빼앗길까 두려워서.

아니오, 부인, 아니오.

내 마음은 신음하기를 원치 않소.

지금 혼자 잠들어 있는 동안, 깊이 잠들 것이오."

"당신이 주장한 것 중에

내가 반박할 수 없는 것이 무엇이오?

위험으로 이끄는 길은 평탄하오.

나는 사랑을 미워하는 것이 아니라,

사랑에 대한 당신의 계략을 미워하오,

모든 낯선 이에게 포옹을 빌려주는 그 계략을.

당신은 번성을 위해 그런다고 하니,

오, 이상한 변명이여!

이성이 욕정의 남용에 대한 포주가 될 때."

"그것을 사랑이라 부르지 마시오,
사랑은 하늘로 달아났으니,
땀 흘리는 욕정이 지상에서
그의 이름을 찬탈한 이래로.
그의 순박한 모습 아래, 그는
신선한 아름다움을 먹고, 비난으로 그것을 더럽혔소.
뜨거운 폭군은 그것을 더럽히고 곧 빼앗으니,
애벌레가 부드러운 잎사귀를 먹어치우듯."

"사랑은 비 온 뒤 햇살처럼 위로하지만,
욕정의 효과는 해 뜬 뒤 폭풍이라.
사랑의 온화한 봄은 언제나 신선하게 남아있지만,
욕정의 겨울은 여름이 반도 지나기 전에 오네.
사랑은 과식하지 않으나, 욕정은 탐식가처럼 죽고,
사랑은 모두 진실이요, 욕정은 거짓으로 가득 차 있네."

"더 말할 수 있지만, 더 말할 용기는 없소.
본문은 오래되었고, 연설가는 너무 미숙하오.
그러므로, 진지하게, 이제 나는 떠나겠소.
내 얼굴은 수치심으로,
내 마음은 괴로움으로 가득 차 있소.
당신의 음란한 이야기에 귀 기울였던 내 귀는,
그렇게 죄를 지은 것에 대해 스스로 불타고 있소."

이 말과 함께 그는 달콤한 포옹에서 벗어났네,
그를 그녀의 가슴에 묶었던 그 고운 팔에서.
그리고 어두운 숲 속 빈터를 가로질러
집으로 서둘러 달려가니,
깊이 괴로워하는 사랑을 그녀의 등에 남겨두고.
보라, 밝은 별이 하늘에서 떨어지듯,
그렇게 그는 밤 속에서 비너스의 눈에서 사라졌네.

그녀는 그의 뒤로 시선을 던지니, 마치 해안가에서
최근에 배를 탄 친구를 응시하는 사람처럼,
거친 파도가 그를 더 이상 보이지 않게 할 때까지,
그 파도의 능선은 마주치는 구름과 다투네.
그렇게 무자비하고 칠흑 같은 밤이
그녀의 시선을 먹여 살리던 대상을 감쌌네.

거기에 놀라, 마치 자신도 모르게
귀한 보석을 홍수에 떨어뜨린 사람처럼,
혹은 밤 나그네들이 종종 그러하듯,
불신 가득한 숲에서 등불이 꺼져 어리둥절한 것처럼.
그렇게 혼란에 빠져 어둠 속에
그녀는 누워 있었으니,
갈 길의 아름다운 발견을 잃어버린 채.

그리고 이제 그녀는 가슴을 치니, 가슴이 신음하네.

그러자 이웃한 모든 동굴들이, 마치 괴로워하는 듯,

그녀의 신음 소리를 말로 반복하네.

열정에 열정이 깊이 더해졌네.

"아아!" 그녀가 외치고, 스무 번,

"슬프도다, 슬프도다!"

그리고 스무 개의 메아리가

스무 번 그렇게 울려 퍼졌네.

그녀는 애절한 곡조를 시작하며,

즉흥적으로 슬픈 노래를 부르네.

사랑이 어떻게 젊은이를 노예로 만들고,

늙은이를 망령들게 하는지,

사랑이 어떻게 어리석음 속에서 현명하고,

어리석게 재치 있는지.

그녀의 무거운 찬가는 언제나 슬픔으로 끝나고,

메아리의 합창은 언제나 그렇게 화답하네.

그녀의 노래는 지루했고, 밤을 지새웠네.
연인들의 시간은 짧아 보여도 길기 때문이라.
자신들이 즐거우면,
다른 이들도 즐거워하리라 생각하네,
그런 상황에서, 그런 유희를.
그들의 풍부한 이야기는 종종 시작되어,
청중 없이 끝나고, 결코 끝나지 않네.

그녀가 밤을 함께 보낼 이가 누구이겠는가,
기생충을 닮은 공허한 소리들 외에.
마치 날카로운 목소리의 술집 주인이
모든 부름에 답하듯,
변덕스러운 재치 있는 자들의 기분을 맞추며.
그녀가 "그렇다"고 말하면,
그들은 모두 "그렇다"고 답하고,
그녀가 "아니다"라고 말했다면,
그 뒤를 따랐을 것이라.

보라, 여기 온화한 종달새가, 휴식에 지쳐,
축축한 보금자리에서 높이 솟아오르며,
아침을 깨우니, 그 은빛 가슴에서
태양이 위엄 있게 솟아오르네.
그는 세상을 그토록 영광스럽게 바라보니,
삼나무 꼭대기와 언덕들이 빛나는 금처럼 보이네.

비너스는 이 아름다운 아침인사로 그를 맞이하네.
"오, 그대 맑은 신이여, 모든 빛의 수호자여,
모든 등불과 빛나는 별이 그대에게서 빌려오는
그것들을 밝게 만드는 아름다운 영향력을.
지상의 어머니 젖을 빤 아들이 살아 있으니,
그대가 다른 이에게 빛을 빌려주듯,
그대에게도 빛을 빌려줄 수 있으리."

이 말을 마치고, 그녀는 도금양 숲으로 서둘러 갔네,
아침이 너무 많이 지났음을 생각하며.
그러나 아직 그녀의 사랑에 대한
소식은 들리지 않네.
그녀는 그의 사냥개 소리와
뿔피리 소리에 귀를 기울이네.
이내 그들이 힘차게 노래하는 소리를 듣고,
서둘러 그 외침이 들리는 곳으로 향했네.

그리고 그녀가 달릴 때, 길가의 덤불들이
어떤 것은 그녀의 목을 잡고,
어떤 것은 그녀의 얼굴에 입 맞추고,
어떤 것은 그녀의 허벅지를 감아 머물게 하네.
그녀는 그들의 단단한 포옹에서 거칠게 벗어나니,
마치 젖이 불어 아픈 어미 사슴이,
덤불 속에 숨겨둔 새끼에게 젖을 먹이러 서두르듯.

이때쯤 그녀는 사냥개들이 궁지에 몰렸음을 듣네.
거기에 그녀는 마치 독사를 발견한 사람처럼 놀라네,
바로 길 위에 치명적인 고리로 또아리를 튼 독사를.
그 두려움에 그는 떨고 전율하네.
그렇게 사냥개들의 겁먹은 짖는 소리가
그녀의 감각을 놀라게 하고,
정신을 혼란스럽게 하네.

이제 그녀는 그것이 온화한 사냥이 아님을 아네,
무뚝뚝한 멧돼지, 거친 곰, 혹은 도도한 사자임을.
외침이 한곳에 머물러 있기 때문이라,
개들이 두려움에 차 큰 소리로 외치는 곳에.
그들의 적이 너무나 사납다는 것을 알고,
그들은 서로 먼저 맞서라며 예의를 차리네.

이 불길한 외침이 그녀의 귀에 슬프게 울려 퍼져,

그것을 통해 그녀의 심장을 놀라게 하려 들어가네.

의심과 핏기 없는 두려움에 압도된 그녀는,

차가운 창백한 약함으로

모든 감각 부위를 마비시키네.

마치 병사들이 대장이 한번 항복하면,

비겁하게 도망치고 감히 전장에 머물지 못하듯.

이렇게 그녀는 떨리는 황홀경 속에 서 있네,

몹시 놀란 감각을 격려할 때까지.

그녀는 그것이 까닭 없는 환상이요,

그들이 두려워하는 것은 유치한 착각이라고 말하네.

떨기를 멈추라 명하고, 더 이상 두려워 말라 명하네.

그리고 그 말과 함께,

그녀는 사냥당한 멧돼지를 보았네.

그의 거품 문 입은 온통 붉게 칠해져,
마치 우유와 피가 함께 섞인 듯.
두 번째 두려움이 그녀의 모든 힘줄에 퍼져,
그녀를 미친 듯이 어디로 가는지 모르게 몰아갔네.
이쪽으로 달리다가, 이제 더는 가지 않으려 하고,
뒤로 물러나, 살인죄로 멧돼지를 꾸짖으려 하네.

천 가지 변덕이 그녀를 천 가지 길로 이끄네.
그녀는 갔던 길을 다시 되밟네.
성급한 걸음은 지체 속에 막혀
술 취한 사람의 헤매임처럼 늘어지네.
생각은 가득하나, 아무것도 존중하지 않고,
손에 쥔 것은 많으나 끝내 이루는 바 없도다.

덤불 속에 숨어있는 사냥개 한 마리를 발견하고,
불쌍한 녀석에게 그의 주인을 묻네.
그리고 저기서는 다른 개가 제 상처를 핥고 있으니,
독 있는 상처에 유일한 특효약이라.
슬프게 찡그린 개를 마주쳤네.
말을 거니, 짖는 소리로 대답하네.

그가 불길한 소리를 멈추자,
축 처진 입의 또 다른 애도자, 검고 험상궂은 녀석이,
하늘을 향해 목소리를 터뜨리네.
또 다른 녀석, 그리고 또 다른 녀석이
그에게 화답하며,
자랑스러운 꼬리를 아래 땅에 대고 치고,
긁힌 귀를 흔드니, 피를 흘리며 가네.

보라, 세상의 가여운 사람들이 얼마나 놀라는가,
유령, 징조, 기적에.
두려운 눈으로 오랫동안 응시하며,
그것들에 끔찍한 예언을 불어넣네.
그렇게 그녀는 이 슬픈 징조들에 숨을 들이쉬고,
다시 한숨을 내쉬며, 죽음을 부르짖네.

"험상궂은 폭군, 추하고, 야위고, 마른 자여,
미운 사랑의 파괴자여,"
이렇게 그녀는 죽음을 꾸짖네.
"음흉하게 웃는 유령, 땅의 벌레여, 무슨 뜻인가?
아름다움을 질식시키고 그의 숨을 훔치다니.
그가 살았을 때, 그의 숨결과 아름다움은
장미에 광택을, 제비꽃에 향기를 주었거늘."

"만약 그가 죽었다면, 오 아니, 그럴 리 없어.
그의 아름다움을 보고, 네가 어찌 그를 쳤겠는가.
오 그래, 그럴 수도 있지, 너는 볼 눈이 없으니,
그저 미움에 차 마구잡이로 치는구나.
**너의 목표는 연약한 노년이지만, 거짓된 너의 화살은
그 목표를 빗나가, 꽃 같은 아이의 심장을 쪼개는구나."**

"네가 그저 조심하라 일렀더라면
그는 들었을 터, 그 말에 따랐을 터.
그러나 너의 잔혹한 힘은 스스로를 무너뜨렸네.
운명의 여신들은 이 일격으로 너를 저주하리라.
그들은 네게 잡초를 베라 했는데,
너는 꽃을 꺾었구나.
**사랑의 황금 화살이 그에게 날아갔어야 했거늘,
죽음의 검은 화살이 그를 쓰러뜨려야 했단 말인가."**

"너는 눈물을 마시는가,

그리하여 그런 울음을 유발하는가?

무거운 신음이 네게 무슨 이득이 되겠는가?

어찌하여 너는 영원한 잠 속에 던져 넣었는가,

다른 모든 눈에게 보는 법을 가르쳤던 그 눈들을?

이제 자연은 너의 필멸의 힘을 신경 쓰지 않으리,

그녀의 최고의 작품이 너의 혹독함으로

파괴되었으니."

여기서 압도되어, 절망에 가득 찬 이처럼,

그녀는 눈꺼풀을 내렸으니, 마치 닫힌 수문처럼

수정 같은 물결을 막았네, 그녀의 두 고운 뺨에서

그녀 가슴의 달콤한 수로로 떨어지던 물결을.

하지만 수문을 통해 은빛 비가 터져 나와,

그 거센 흐름으로 다시 그것들을 열었네.

오, 그녀의 눈과 눈물이 어떻게

서로 빌려주고 빌렸던가.

눈물 속에 비친 눈, 눈 속에 고인 눈물이었네.

수정 같은 둘은, 그 안에서 서로의 슬픔을 보았네.

한숨은 흘러내린 눈물을 말리려 했건만,

폭풍우 치는 날의 바람과 비처럼,

한숨은 그녀의 뺨을 말리고, 눈물은 다시 젖게 하네.

변덕스러운 열정들이

그녀의 변함없는 비애에 몰려드니,

마치 누가 그녀의 슬픔에

가장 잘 어울릴지 다투는 듯.

모두 받아들여져, 각 열정이 그토록 애쓰니,

모든 현재의 슬픔이 으뜸인 듯 보이네.

하지만 어느 것도 최고는 아니니,

그러면 그들은 모두 함께하네,

궂은 날씨를 위해 의논하는 많은 구름들처럼.

이때쯤, 멀리서 어떤 사냥꾼이 외치는 소리를 듣네.
유모의 노래도 그녀의 아기를
그토록 기쁘게 하지는 못했으리.
그녀를 옥죄던 끔찍한 상상은
이 희망의 소리가 몰아내려 애쓰네.
되살아나는 기쁨이 그녀에게 기뻐하라 명하고,
그것이 아도니스의 목소리라고 그녀를 부추기네.

그녀의 눈물은 흐름을 바꾸어
유리 속 진주처럼, 눈동자에 고이네.
동양의 진주 한 방울이 옆으로 떨어지니,
뺨이 그것을 녹이네, 지나가는 것을 경멸하듯.
추한 대지를 씻기 위해 떨어진다 하나
땅은 그저 취한 듯 잠겨 있을 뿐이네."

오, 믿기 어려운 사랑이여, 얼마나 이상한가,

믿지 않으면서도, 너무 쉽게 믿는 것이.

그대의 행복과 비애는 극단이로다.

절망과 희망이 너를 어리석게 만드네.

하나는 터무니없는 망상으로 부추기고,

다른 하나는 그럴듯한 상상으로 재빨리 죽이네.

이제 그녀는 자신의 거미줄을 푸네.

아도니스는 살아있고, 탓할 것이 없네.

그를 완전히 무로 돌린 것은 그녀가 아니었네.

이제 그녀는 그의 미운 이름에 명예를 더하네.

그녀는 그를 무덤의 왕, 왕들의 무덤이라 부르며,

모든 필멸의 것들의 위압적인 최고 존재라 칭하네.

"아니, 아니," 그녀가 말했네,

"달콤한 죽음이여, 나는 그저 농담했을 뿐.

"용서해주오, 나는 두려움을 느꼈소,

그 멧돼지, 그 피투성이 짐승을 만났을 때.

그는 동정을 모르고, 언제나 가혹하오.

그러니, 온화한 그림자여—진실을 고백해야겠소—

나는 내 사랑의 죽음을 두려워하여, 그대를 욕했소."

"내 잘못이 아니오, 멧돼지가 내 혀를 자극했소.

그에게 복수하시오, 보이지 않는 사령관이여.

추악한 생물이, 그대에게 잘못을 저질렀소.

나는 행동했을 뿐, 그는 내 비방의 저자요.

슬픔은 두 개의 혀를 지녔으니, 어떤 여자도,

열 여자의 지혜로도, 둘 다 다스릴 수 없었소."

이렇게 아도니스가 살아있기를 희망하며,
그녀는 자신의 성급한 의심을 변명하네.
그리고 그의 아름다움이 더 잘 번성할 수 있도록,
죽음에게 겸손하게 환심을 사려 하네.
그에게 전리품, 조각상, 무덤, 이야기를 말하며,
그의 승리, 그의 개선, 그의 영광을 말하네.

"오, 사랑이여!" 그녀가 말했네,
"나는 얼마나 바보였던가,
그토록 약하고 어리석은 마음을 가졌으니.
살아있고, 죽어서는 안 될 그의 죽음을 슬퍼하다니,
필멸의 종류가 서로 전복될 때까지.
그가 죽으면, 그와 함께 아름다움이 살해되고,
아름다움이 죽으면, 검은 혼돈이 다시 오리라."

"아, 아, 어리석은 사랑이여,

그대는 두려움으로 가득 차 있구나,

보물을 짊어진 채 도둑들에게 둘러싸인 사람처럼.

눈과 귀로 확인되지 않은 사소한 일들도

거짓 생각으로 부풀려져 괴롭구나."

바로 이 말에 그녀는 즐거운 뿔피리 소리를 듣네.

거기에 최근까지 슬픔에 잠겼던 그녀가 뛰어오르네.

매가 미끼를 향해 날아가듯, 그녀는 날아가네.

깃털이 지나가듯, 빳빳한 풀 위로 날아가네.

날아가던 별 빛은 불행히도 발견하네,

그녀의 기쁨을 짓밟은 추악한 멧돼지의 정복을.

그것을 본 그녀의 눈은, 그 광경에 살해된 듯,

낯을 부끄러워하는 별들처럼, 스스로를 거두었네.

더듬이를 부딪힌 달팽이가

고통에 놀라 껍질 속으로 물러나듯,

거기서 숨 막힌 채, 그늘에 앉아,

오랫동안 다시 기어 나오기를 두려워하듯.

붉어진 아름다움에 그녀의 눈은 달아나,

머릿 속 깊고 어두운 방들로 들어갔네.

그들은 그들의 직무와 빛을 양도하네,

그녀의 혼란스러운 뇌에게 맡기네.

뇌는 계속 추악한 밤과 어울리라 명하고,

다시는 표정으로 마음을 상하게 하지 말라 명하네.

마치 신하들의 청을 들은 왕이

당혹스러워 치명적인 신음을 내뱉듯이.

거기에 모든 속국의 신하들이 떨고,

마치 땅속에 갇힌 바람이,

통로를 찾으려 몸부림칠 때,

대지의 기초를 흔드는 듯한 전율이 일어나,

차가운 공포로 사람들의 마음을 혼란스럽게 하네.

이 반란이 각 부분을 그토록 놀라게 하여,

그들의 어두운 침대에서

다시 한번 그녀의 눈이 튀어나오네.

그리고 열리자, 마지못해 빛을 던졌네,

멧돼지가 파놓은 넓은 상처 위에.

그의 부드러운 옆구리,

평소의 백합처럼 하얗던 곳은,

상처가 흘린 보랏빛 눈물에 흠뻑 젖었네.

근처에는 꽃도, 풀도, 약초도,

잎사귀도, 잡초도 없었으나,

그의 피를 훔쳐, 그와 함께 피 흘리는 듯 보였네.

이 엄숙한 공감을 가여운 비너스는 주목하네.

한쪽 어깨 위로 그녀는 고개를 떨구네.

말없이, 그러나 고통에 몸부림치며,

그는 죽지 않았다, 죽을 리 없다고 되뇌이네.

그녀의 목소리는 막혔고,

관절은 굽히는 것을 잊었고,

그녀의 눈은 미쳤으니, 너무 오래 울어온 탓이네.

상처를 너무나 뚫어지게 바라보니,

시야가 어지러워 상처가 셋으로 보이네.

그리하여 그녀는 눈을 꾸짖네.

상처가 없어야 할 곳에

더 많은 상처를 그려내는 눈을.

그의 얼굴은 둘로 보이고, 각 사지는 두 배로 보이니,

뇌가 혼란스럽다면, 눈은 종종 실수하기 때문이라.

"내 혀는 단 한 사람의 슬픔조차 다 말하지 못하거늘,
보라, 이제 두 명의 아도니스가 내 앞에 쓰러졌구나!"
그녀가 울부짖네.
"내 한숨은 흩어지고, 내 짠 눈물은 말라,
눈은 불이 되고, 마음은 무거운 납으로 변했네.
오, 무거운 마음의 납이여,
내 눈의 붉은 불에 녹아내려
뜨거운 욕망의 방울방울 속에 내가 죽으리라."

"아, 가엾은 세상이여,
너는 얼마나 귀한 보물을 잃었는가!
이제 볼 만한 얼굴이 어디 남아 있단 말인가?
누구의 혀가 음악이 되겠는가?
너는 무엇을 자랑하리,
지나간 것들이나, 앞으로 올 것들에 대하여?
꽃들은 향기롭고, 그 빛깔은 신선하고 고왔으나,
참된 아름다움은 그와 함께 살다 죽었도다."

"이제부터 어떤 피조물도 모자나 베일을 쓰지 마라!
해도 바람도 결코 그대들에게
입 맞추려 애쓰지 않으리.
잃을 아름다움이 없으니, 두려울 것도 없네.
태양은 그대들을 경멸하고,
바람은 그대들에게 야유를 보내리라.
그러나 아도니스가 살아 있을 때는, 해와 바람이
도둑처럼 숨어 그의 아름다움을 훔치려 했도다."

"그래서 그는 모자를 쓰려 애썼으나,
그 챙 아래로는 여전히 찬란한 태양이 엿보았네.
바람은 그것을 날려 보내며 그의 머리칼과 장난쳤고,
그 순간 아도니스는 울음을 터뜨렸네.
그러자 곧, 그의 어린 나이를 가엾이 여긴
해와 바람은 누가 먼저
그의 눈물을 닦을지 다투었네."

"그의 얼굴을 보고 싶어 사자는 울타리 곁을 거닐되,
그를 놀라게 하지 않으려 조심했네.
그가 노래하면 마음을 달래려는 듯,
호랑이는 온순해져 부드럽게 귀 기울였네.
**그가 한마디라도 내뱉었다면, 늑대는 먹이를 버리고
그날 어린 양을 놀라게 하지 않았으리.**"

"그가 시냇물에 비친 자신의 그림자를 볼 때면,
물고기들은 황금빛 아가미를 활짝 펼쳤네.
그가 곁에 있을 때 새들은 기쁨에 들떠,
어떤 이는 노래 부르고, 어떤 이는 부리에 물어
뽕나무 열매와 잘 익은 붉은 체리를 가져왔네.
그는 눈길로 그들을 먹이고,
그들은 열매로 그를 먹였네."

"하지만 이 추악하고, 험상궂고,

고슴도치 주둥이의 멧돼지는,

아래를 향한 눈이 언제나 무덤을 찾는 녀석은,

그가 입었던 아름다운 옷을 결코 보지 못했네.

그가 베푼 환대가 증거로다.

만약 그가 그의 얼굴을 보았다면, 그러면 나는 아네,

그에게 입 맞추려 생각하고, 그렇게 그를 죽였음을."

"사실이야, 사실이야.

이렇게 아도니스는 살해되었네.

그는 날카로운 창으로 멧돼지에게 달려들었고,

멧돼지는 그에게 다시 이빨을 갈지 않고,

입맞춤으로 그를 설득하려 생각했네.

그리고 그의 옆구리에 코를 비비며,

사랑스러운 돼지는

무심코 그의 부드러운 사타구니에 엄니를 박았네."

"만일 내게 그와 같은 송곳니가 있었다면,
나는 입맞춤으로 먼저 그를 죽였으리라.
그러나 그는 이미 죽었고,
내 젊음을 결코 축복하지 않았으니,
나는 더욱 저주받았도다."
그 말과 함께 그녀는 서 있던 자리에서 무너지더니,
그의 굳은 피로 얼굴을 흠뻑 더럽혔네.

그의 입술을 보니 창백하고,
그의 손을 잡으니 차갑기 짝이 없더라.
그녀는 그의 귀에 무거운 이야기를 속삭이네,
마치 그들이 그녀가 말하는 슬픔을 알아들을 듯이.
그녀는 그의 눈을 덮을 보석함의 뚜껑을 들어 올리니,
보라, 두 등불이 꺼져 어둠 속에 누워 있더라.

두 겹 거울 속에서 그녀는 자신을 보았네,
천 번도 더 비추었거늘 이제 더는 빛나지 않네.
한때 빛나던 그들의 덕성은 사라졌고,
모든 아름다움은 그 빛을 잃었도다.
"시간이시여," 그녀가 말했네,
"이것이 나의 원한이로다,
그가 죽었는데 낮이 밝아 있음을
내가 어찌 참으리오."

"그대가 쓰러졌으니, 보라, 내가 예언하노니,
이후로 사랑에는 늘 슬픔이 뒤따르리라.
질투가 그를 시중들고,
달콤한 시작은 있으되 끝은 쓴맛뿐이리라.
결코 평등하게 안온치 못하고,
높음과 낮음이 갈라져,
사랑의 기쁨 어느 것도 그의 비애와
겨루지 못하리라."

"사랑은 변덕과 거짓과 사기로 가득하리라.
싹트자마자 숨 쉴 틈도 없이 시들고,
뿌리엔 독이 깃들고, 꼭대기는 위장되리니,
가장 진실한 눈마저 달콤함에 속으리라.
가장 강한 몸은 허약해지고,
슬기로운 이는 말문을 잃으며,
어리석은 자에게 말하는 법을 가르치리라."

"인색하다가도 방탕하며,
노쇠한 나이에 춤을 가르치고,
눈을 부릅뜬 난폭자를 순하게 만들며,
부자를 끌어내리고
가난한 자를 보물로 부유케 하리라.
격렬하게 미치다가도 어리석게 온화하고,
젊은 이를 늙히고 늙은 이를 아이로 되돌리네."

"두려움이 없을 곳에서 의심하고,
정작 두려워야 할 곳에서 두려워하지 않네.
자비로운 듯하면서도 너무나 가혹하고,
정의로워 보일 때 가장 기만적이네.
가장 순종적으로 보일 때 가장 비뚤어지며,
용기를 두려움으로, 겁쟁이에게 용기를 주네."

"전쟁과 참혹한 사건의 원인이 되고,
아들과 아버지 사이에 불화를 일으키며,
모든 불만에 굴복하고 비굴해지니,
마른 장작이 불에 붙듯 쉽게 타오르네.
그의 한창때, 죽음이 내 사랑을 파괴했으니,
가장 사랑하는 자들조차 사랑을 누리지 못하리라."

이때쯤, 그녀 곁에 죽어 누워 있던 소년은

증기처럼 시야에서 사라지고,

땅에 흘러내린 그의 피 속에서

흰빛이 섞인 보랏빛 꽃 한 송이가 피어났네.

그것은 그의 창백한 뺨을 닮았고,

그 뺨 위에 맺힌 붉은 방울을 닮았네.

그녀는 고개 숙여 새로 핀 꽃의 향기를 맡으며

그것을 아도니스의 숨결과 견주었네.

"그는 죽음으로 나에게서 빼앗겼으니,

이 꽃은 내 가슴속에 머물리라."

그녀가 줄기를 꺾으니, 부러진 곳에서

푸른 즙이 흘러내려 그녀는 그것을 눈물에 비유했네.

"가엾은 꽃아," 그녀가 말하네,
"이것이 네 아비의 모습이었지.
더 달콤한 향기를 지닌 아비의 달콤한 자손아.
그의 소망은 작은 슬픔마다
눈물을 자라게 하는 것이었고,
네 소망도 그러하구나.
하지만 알거라―그의 피에서 시드는 것처럼
내 가슴에서도 시드는 것이 더 좋으리."

"여기가 네 아비의 침상이었단다―
내 가슴속, 바로 여기.
너는 그의 뒤를 이을 혈통이니, 그것이 네 권리다.
보아라, 이 텅 빈 요람에서 쉬거라,
내 뛰는 심장이 밤낮으로 너를 흔들어 주리라.
한순간도 놓치지 않으리,
내가 내 사랑스러운 꽃에
입 맞추지 않는 시간은 없으리."

세상의 괴로움에 지쳐, 그녀는 서둘러 길을 떠나

은빛 비둘기들을 멍에에 메우고,

그들의 날개 돕는 힘으로 여주인은

가벼운 수레에 실려 허공을 가르며 오르네.

그 행로는 파포스[4]로 향하고,

거기서 여왕은 스스로를 가두어

세상 눈에 들지 않으려 하네.

끝

---

[4] 키프로스(Cyprus) 섬 남서부 해안의 고대 도시로, 그리스·로마 신화에서 비너스의 탄생지 또는 주요 성지로 전해진다. 르네상스 문학과 셰익스피어의 시에서는 사랑, 미, 여신의 신성한 공간을 상징하는 시적 지명으로 자주 언급된다.

sonnet

소네트

소네트 III

거울을 들여다보며, 그대가 보는 얼굴에 말하라,
이제 그 얼굴이 또 하나의 얼굴을 빚어야 할 때라고.
지금 그 싱그러운 수선을 갱신하지 않는다면,
세상을 속이고, 한 어머니의 축복을 빼앗는 셈이니.
어찌 그토록 고운 여인이 있겠는가,
경작되지 않은 자궁[1]이 그대의 씨앗을 거부할 만큼?
또 누구랴, 그렇게 어리석어
자기애의 무덤이 되어 후손을 끊어버릴 남자가?
그대는 그대 어머니의 거울이요, 그녀는 그대 안에서
그녀의 봄날 같은 사랑스러운 4월을 다시 부른다.
그러니 그대 또한, 나이 든 창문 너머로 보리라,
주름에도 불구하고, 이 황금 같은 시절을.
    그러나 기억하라, 살아도 기억되지 않는다면,
    홀로 죽을 때, 그대의 모습도 함께 사라지리라.

---

1 unear'd womb: 아직 경작되지 않은, 즉 임신하지 않은 자궁. 농업적 비유로 생식과 후손을 은유.

소네트 IV

방탕한 아름다움이여, 어찌 그대의 미의 유산을
오직 그대 자신에게만 탕진하는가?
자연의 유증은 아무것도 주지 않고, 다만 빌려줄 뿐,
그리고 아낌없이, 자유로운 자에게 빌려주거늘.
그러니, 아름다운 구두쇠여,
어찌 그대는 남용하는가,
주도록 받은 풍성한 선물을?
무익한 고리대금업자여, 어찌 그대는
그토록 거대한 자산을 쓰고도 살지 못하는가?
자기 자신과만 거래하여,
그대의 달콤한 자아를 스스로 속이고 있도다.
그런데 자연이 그대를 불러갈 때,
어찌 세상에 내놓을 수 있는 결산이 있겠는가?
    그대가 쓰지 않은 아름다움은
    그대와 함께 무덤에 묻히리라,
    그러나 쓰인 아름다움은,
    집행자가 되어 계속 살아남으리라.

소네트 V

그 시각들은, 부드러운 손길로 빚어낸

모든 이의 시선이 머무는 그 사랑스러운 눈빛들을,

이제 그 눈빛들에게 폭군처럼 군림하며

가장 빼어난 것을 거칠고 불공평한 것으로 만들리.

쉬지 않는 시간은 여름을 몰아

끔찍한 겨울로 이끌어 혼돈에 빠뜨리고,

서리는 수액을 막고,

무성하던 잎들은 모두 사라지며,

눈 덮인 아름다움 속에 황폐함만이 가득하리.

그러나 여름의 정수가 남지 않았다면,

유리벽 안에 갇힌 액체의 포로가 없었다면,

아름다움의 효과는 아름다움과 함께 사라지고,

그것도, 그것의 흔적도 남지 않았으리.

    그러나 증류[2]된 꽃들은, 설령 겨울을 만나도,

    겉모습만 잃을 뿐, 그 본질은

    여전히 달콤하리라.

---

2 distillation: 르네상스 시대의 '증류'는 여름 꽃의 향기나 정수를 액체로 보존하는 기술을 가리켜, 덧없는 아름다움의 보존을 상징함.

소네트 X

부끄럽도다! 그대가 누구를 사랑한다고 부정하라,

그대 자신을 위해서조차 준비하지 않는 자여.

그대가 원한다면, 많은 이가

그대를 사랑한다는 건 인정하겠네.

그러나 그대가 아무도 사랑하지 않음은

너무도 분명하도다.

그대는 살인 같은 증오에 사로잡혀,

자기 자신을 무너뜨리는 음모도 서슴지 않으며,

가장 아름다운 지붕[3]을 파괴하려 드는구나,

그 지붕을 고치는 것이야말로

그대의 첫 소망이어야 할 터인데.

오! 생각을 바꾸어다오,

---

3 beauteous roof: 인간의 육체(특히 얼굴과 두개골)를 '집'에 비유한 표현. 자신을 파괴하려는 행위를 집을 무너뜨리는 것으로 묘사.

그래야 나 또한 마음을 바꾸리라.
증오가 어찌 다정한 사랑보다
더 고운 자리를 차지할 수 있겠나?
그대의 존재만큼이나 은혜롭고 친절하라,
적어도 그대 자신에게만큼은 자비를 보여다오.
  나를 위해, 또 그대 자신을 위해,
  또 하나의 그대를 만들라,
  그래야 아름다움이 여전히 그대 안이나
  그대의 자손 안에 살아남으리.

소네트 XIII

오! 그대가 그대 자신이길. 그러나 사랑하는 이여,

그대는 여기 살아 있는 동안만

그대 자신의 것이로다.

다가올 끝을 대비해야 하며,

그대의 달콤한 형상을 다른 이에게

나누어 주어야 하리.

그대가 임차한 듯 붙잡고 있는 그 아름다움은

끝남을 모르게 될 것이며, 그때 그대는

자신이 사라진 뒤에도 다시금 그대 자신이 되리라,

그대의 달콤한 자손이 그대의 형상을 이어받을 때.

누가 이토록 아름다운 집을 무너지게 두겠는가,

명예로운 손길로 잘 지탱할 수도 있을 터인데,

겨울의 폭풍우와 죽음의 영원한 한기 앞에서도.

    오! 낭비자 외에는 없으리.

    나의 사랑, 그대도 알지 않는가,

    그대에게 아버지가 있었음을,

    그대의 아들도 말할 수 있게 하라.

소네트 XV

내가 생각할 때, 자라는 모든 것은

완전함을 단 한순간만 붙들고 있음을.

이 거대한 무대는 덧없는 환상만을 펼치고,

별들은 그 위에서 은밀히 영향력을 주석하네.

사람들이 식물처럼 자라남을 볼 때,

같은 하늘에 의해 기뻐하고, 또 제지당하며,

젊음의 수액을 자랑하다, 절정에서 시들고,

그 용감한 상태조차 기억에서 사라지는 것을 볼 때,

이 덧없는 머묾의 생각은 그대를 나의 눈앞에서

가장 부유한 청춘으로 세워두고,

낭비하는 시간과 부패가 다투어

그대의 젊은 날을 더럽혀진 밤으로 바꾸려 하네.

> 그러나 나는 그대를 사랑하여,
>
> 시간과 싸움에 임해,
>
> 그가 빼앗는 것을, 내가 다시 접붙여
>
> 새롭게 하리라.[4]

---

4 접붙여 새롭게 하리라: 소네트 XV의 engraft는 식물학적 접붙이기의 이미지로, 시간에 맞서 아름다움을 이어가겠다는 의미.

소네트 XVIII

그대를 여름날에 빗대어 보랴?

그대는 더 고우며, 더 온화하구나.

거친 바람이 5월의 사랑스런 꽃봉오리를 흔들고,

여름의 임대 기간[5]은 너무 짧도다.

때로는 하늘의 눈[6]이 너무 뜨겁게 빛나고,

종종 그 금빛 안색이 흐려지며,

모든 아름다움은 때때로 시들어 가나니,

우연이나 자연의 변덕스러운 궤도로

장식이 벗겨지듯.

그러나 그대의 영원한 여름은 시들지 않으며,

그대가 지닌 그 아름다움을 잃지 않으리.

죽음도 감히 자랑하지 못하리,

그대가 그의 그림자 속을 거닌다고,

그대가 영원한 시구 속에서 시간과 함께 자라나니.

    사람이 숨 쉬고 눈이 볼 수 있는 한,

    이 시는 살아, 그대에게 생명을 주리라.

---

5 lease (여름의 임대 기간): 르네상스 시대에 자연의 아름다움을 임대 계약에 빗대어, 여름의 짧은 시간을 묘사하는 표현.
6 eye of heaven: 태양을 의인화한 시적 은유.

소네트 XIX

탐식하는 시간[7]이여, 사자의 발톱을 무디게 하고,

대지가 스스로의 달콤한 자식을 삼키게 하라.

사나운 호랑이의 날카로운 이빨을 뽑아내고,

장수하는 불사조[8]를 그 피 속에서 태워 버려라.

흘러가며 계절을 기쁘고 슬프게 만들고,

네 뜻대로 하라, 발 빠른 시간이여,

이 넓은 세상과 모든 시드는 달콤함에 대하여.

그러나 단 한 가지 극악한 범죄만은 금하노라.

오! 나의 사랑의 고운 이마를

너의 시간으로 새기지 말고,

너의 낡은 펜으로 그곳에 주름을 긋지 말지어다.

그를 네 궤도 속에서도 손대지 않은 채 남겨,

미래의 인류에게 아름다움의 본이 되게 하라.

    그러나, 오래된 시간이여,

    네가 할 수 있는 가장 심한 짓을 해보아라.

    그러나 네 부당함에도,

    내 사랑은 내 시 속에서 영원히 젊게 살리라.

---

7 devouring Time: 시간을 탐식하는 괴물로 의인화한 전통적 르네상스 은유.
8 phoenix: 스스로 불타 죽고 재에서 부활하는 상상의 새. 불사와 재생의 상징.

소네트 XX

여인의 얼굴, 자연의 손으로 그려진,
그대는 나의 열정의 주인이자 여주인이도다.
여인의 부드러운 마음을 지녔으나,
거짓된 여인들의 변덕스러운 속셈은 모르네.
그들의 것보다 더 밝고, 흔들림 적은 눈으로,
응시하는 모든 대상을 황금빛으로 물들이며,
남성의 빛깔 속에 모든 색조를 지배하여,
남자의 눈을 훔치고 여자의 영혼을 놀라게 하네.
그대는 원래 여인을 위해 창조되었거늘,
자연은 그대를 빚다 도취되어,
나에게서 그대를 빼앗아 갔네,
내 목적에는 아무 의미 없는 한 가지[9]를 덧붙여.

 그러나 그녀가 그대를
 여인의 즐거움을 위해 표기했으니,
 그대의 사랑은 내 것이고,
 사랑의 사용은 그녀들의 보배가 되리라.

---

9 소네트 XX는 셰익스피어의 젠더와 욕망의 복잡성을 드러내는 대표적 시로, "one thing to my purpose nothing"은 성별을 암시하는 중의적 표현으로 자주 논의된다.

소네트 XXI

나는 그 뮤즈처럼 하지 않으리,

겉치레 미모에 자극받아 시를 짓는 자처럼,

하늘 자체를 장식으로 사용하고,

모든 아름다움을 그의 아름다움으로 되풀이하여,

거만한 비교의 결합을 만드는 자처럼.

태양과 달, 땅과 바다의 보석들,

4월의 맏꽃들과 세상의 모든 희귀한 것들,

하늘의 공기가 이 거대한 둥근 세상을

감싸 안은 것들로.

오! 나는 사랑에 있어 진실하여,

진실하게 쓰고자 하네.

그러니 믿어 다오, 내 사랑은

하늘에 고정된 금빛 촛불들만큼 눈부시진 않아도,

모든 어머니의 자식들만큼은 아름답다고.

  소문을 좋아하는 자들은 더 많이 말하게 두고,

  나는 팔기 위한 칭송은 하지 않으리라.

소네트 XXII

내 거울은 나를 늙었다 설득하지 못하리,
그대와 청춘이 같은 날을 살고 있는 한.
그러나 그대 안에서 시간의 고랑들[10]을 볼 때,
나는 죽음이 내 날들을 거둬야 함을 바라리.
그대를 덮은 모든 아름다움은,
내 심장의 품위 있는 의복일 뿐.
내 심장은 그대 가슴속에 살고,
그대 것은 내 안에 있거늘,
어찌 내가 그대보다 더 늙을 수 있겠는가?
오, 그러니 사랑이여, 스스로를 경계하라,
내가 나 자신이 아니라, 그대를 위해 경계하듯이.
그대의 심장을 내가 지니고 있으니, 나는 그것을
섬세한 간호사가 아이를 아끼듯 지켜 주리라.
  내 심장이 쓰러졌을 때, 그대의 심장을
  되돌려줄 것이라 넘겨짚지 말라.
  그대는 한 번 주었을 뿐이니.

---

10 time's furrows: **주름을 밭고랑에 빗댄 표현. 르네상스 시기의 전형적 은유.**

소네트 XXIII

무대 위의 서툰 배우처럼,

두려움에 휩쓸려 대사를 잊어버리는 이처럼,

혹은 분노로 가득 차 너무 격렬하여,

힘의 넘침이 오히려 그 마음을

약하게 하는 짐승처럼.

나도, 신뢰의 두려움 때문에,

사랑의 의식을 완전하게 말하지 못하고,

내 사랑의 힘 속에서 오히려 쇠잔해 보이며,

사랑의 무게에 짓눌려 버거워하네.

오! 그러니 나의 시선이 웅변이 되게 하소서,

내 말 없는 가슴의 예언자가 되게 하소서,

사랑을 탄원하고, 보답을 바라는,

많이 말하는 혀보다도 더 간절한 시선이 되게.

    오! 침묵한 사랑이 쓴 글을 읽는 법을 배우라.

    눈으로 듣는 것[11], 그것이 사랑의

    섬세한 지혜이니라.

---

11 to hear with eyes: 눈으로 듣는 것, 즉 말하지 않아도 사랑을 읽어내는 감각을 묘사한 표현.

소네트 XXV

별들에게 총애받아

공적 명예와 자랑스러운 작위를

뽐내는 자들은 뽐내게 두라.

나는, 그러한 승리에서 멀어진 채,

가장 귀히 여기는 것에서 뜻밖의 기쁨을 얻으리.

위대한 군주의 총애를 입은 이들은

태양을 향한 메리골드[12]처럼

아름다운 잎을 펼치지만,

그들의 자만은 그들 자신 속에 묻혀 있고,

한 번의 찡그림에 그들의 영광은 죽어 버린다.

전투로 명성을 얻은 고된 전사도,

천 번의 승리 뒤 단 한 번의 패배로

명예의 책에서 완전히 지워지고,

그가 흘린 모든 노고도 잊혀지리.

  그러니 행복하도다, 사랑하고 사랑받는 나는,

  내 자리는 옮겨지지도, 빼앗기지도 않으니.

---

12 marigold: 메리골드 꽃은 태양을 따라 고개를 돌리는 성질로, 총애와 권세에 따라 흔들리는 인간의 덧없음을 상징.

소네트 XXVI

나의 사랑의 주인이여, 그대의 공로가

내 의무를 굳게 묶어 봉사케 하였기에,

이 글로 쓴 사절을 그대에게 보내오니,

지혜를 뽐내려 함이 아니라,

나의 의무를 증언하려 함이라.

그대의 공로에 비하면, 내 지혜는 보잘것없어,

그 의무를 보여주기엔 빈약해 보일 수 있으나,

그대의 너그러운 생각이,

그대의 영혼 속에서, 이 빈몸에 옷을 입히길 바라네.

나를 이끄는 별이

아름다운 얼굴로 나를 은혜롭게 바라보고,

이 초라한 사랑에 옷을 입혀

그대의 달콤한 존경을 받을 만한 자로

보이게 할 때까지.

> 그때야 비로소, 그대를 얼마나
>
> 사랑하는지 자랑하리라.
>
> 그때까지는, 그대가 나를
>
> 시험할 수 있는 곳에 감히 나서지 않으리.

소네트 XXIX

운과 사람들의 눈길에서 버림받아
홀로 내 추방된 신세를 울 때,
귀머거리 하늘을 부질없는 울음으로 괴롭히고,
나를 바라보며 내 운명을 저주할 때,
희망이 풍부한 이처럼 되고 싶어 하고,
저 사람처럼 용모를, 또 저 사람처럼 친구를 바라며,
이 사람의 재주, 저 사람의 기회를 탐하며,
가장 즐기는 것에도 만족하지 못할 때,
이런 생각들 속에 나 자신을 거의 경멸하다가,
문득 그대를 떠올리면, 내 신세는
우울한 땅에서 날아오른 종달새처럼
새벽 하늘 문턱에서 찬송가를 부르네.
  그대의 달콤한 사랑을 떠올리면
  그러한 부가 넘쳐
  그때 나는 왕과도 내 처지를
  바꾸려 하지 않으리.

소네트 XXX

달콤한 고요한 사색의 재판정[13]에

지난 일들의 기억을 소환하면,

찾던 것들의 부족함에 한숨 쉬고,

옛 상처로 새로운 탄식을 하며,

내 소중한 시간을 애도하네.

눈물이 드문 내 눈에도 눈물이 고이고,

죽음의 끝없는 밤에 숨겨진 소중한 벗들을 위해,

오래전에 끝난 사랑의 슬픔을 새로이 울고,

사라진 수많은 광경들의 대가를 한탄하네.

이미 지나간 불평들로도 슬퍼하고,

슬픔에서 또 다른 슬픔으로 무겁게 떠올려,

이미 슬퍼한 탄식의 슬픈 장부를,

아직 갚지 않은 듯 다시 지불하네.

    그러나 그때, 나의 친애하는

    그대 생각에 잠기면,

    모든 상실은 되돌아오고, 모든 슬픔은 끝나네.

---

13 sessions of sweet silent thought: 사색을 재판정에 비유한 르네상스식 표현.

소네트 XXXI

그대의 가슴에는 모든 이의 마음이 깃들어,
내게 없다고 여겨, 죽었다 생각했던 것들이
살아 있네.
그곳엔 사랑이 다스리고,
사랑의 모든 다정한 부분이 머무르며,
내가 묻혔다 여긴 모든 친구들이 거기 있네.
얼마나 많은 거룩하고 공손한 눈물이
사랑의 종교적 경건함에 의해 내 눈에서 훔쳐졌던가,
죽은 자들의 이자처럼, 이제 나타나니,
그들은 떠난 것이 아니라,
그대 안에 숨겨져 있었을 뿐.
그대는 묻힌 사랑이 살아 있는 무덤,
떠난 연인들의 전리품이 걸린 무덤이네.
그들 모두가 나의 일부를 그대에게 주었으니,
많은 이의 몫이 이제 오직 그대의 것이 되었도다.
    내가 사랑했던 그들의 형상을
    나는 그대 안에서 보고,
    그대는 그들 모두, 나의 전부를 가진 이로다.

소네트 XXXII

만약 그대가 내 만족스러운 날들 이후에도 살아,
인색한 죽음이 내 뼈를 흙으로 덮은 뒤,
우연히 한 번 더 살펴보게 된다면,
이 가난하고 서투른 시를, 죽은 연인의 흔적으로서,
그것을 시대의 향상된 시들과 비교하라.
비록 이 구절들이 모든 필치에 뒤처진다 해도,
운율이 아니라 나의 사랑으로 간직해 다오,
더 행복한 이들의 높이에 압도된다 해도.
오! 그때 그대는 이 사랑스러운 생각만 허락해 주오:
"내 벗의 뮤즈가 이 성장하는 시대와 함께 자랐다면,
그의 사랑은 이보다 더 귀한 탄생을 가져왔으리,
더 나은 장비를 갖추고 당당히 행렬했으리."

    그러나 그가 죽고, 시인들이 더 나아졌으므로,
    그들의 시는 기교로 읽고,
    그의 시는 사랑으로 읽으리라.

소네트 XXXIII

나는 수많은 영광스러운 아침들을 보았네,
군주의 눈[14]으로 산봉우리를 아첨하듯 바라보고,
황금빛 얼굴로 초록의 초원을 입맞추며,
창백한 개울을 천상의 연금술로
금빛으로 물들이는 것을.
그러다 곧, 가장 천한 구름들이
추한 조각들로 그의 하늘 얼굴을 달리고,
쓸쓸한 세상에서 그의 모습을 숨긴 채,
수치스럽게 보이지 않게
서쪽으로 사라지도록 허락했지.
나의 태양도 그랬네, 어느 이른 아침,
모든 승리의 광채로 내 이마를 비췄건만,
아아! 아깝도다, 그는 한 시간뿐 내 것이었고,
지금은 지역의 구름이 그를 내게서 가려 버렸네.
    그러나 이 일로 내 사랑이
    그를 조금도 경멸치 않으니,
    하늘의 태양도 때로 얼룩지거늘,
    세상의 태양도 그러하리.

---

14 sovereign eye: 태양을 절대 군주의 눈에 비유한 표현.

소네트 XXXIV

어찌하여 그대는 그토록 아름다운 하루를 약속하고,
내게 외투 없이 길을 나서게 하였는가,
천한 구름들이 내 길 위에서 나를 덮치게 하며,
그대의 화려함을 그 썩은 연기 속에 숨겨 버렸는가?
구름을 뚫고 나와,
폭풍 맞은 내 얼굴의 빗물을
말리는 것만으로는 충분치 않다.
그런 약은 치유라 할 수 없네,
상처를 아물게 해도, 수치를 지우지 못하니.
그대의 부끄러움도 내 슬픔을 고칠 수 없네,
그대가 뉘우쳐도, 나는 여전히 상실을 지녔으니.
죄 지은 자의 슬픔은 약한 위안일 뿐,
강한 모욕을 견뎌야 하는 이에게는
십자가의 무게만 더하네.
    아! 그러나 그대 사랑의 눈물이야말로 진주[15],
    그 부유함이 모든 잘못을 속죄하리.

---

15 pearl tears: 연인의 눈물을 진주로 묘사한 르네상스식 상징으로, 속죄와 귀중함을 암시.

소네트 XXXV

그대가 저지른 일 때문에 더 이상 슬퍼하지 마오.
장미에도 가시가 있고, 은빛 샘물에도 진흙이 있듯,
구름과 일식도 달과 태양을 얼룩지게 하고,
가장 달콤한 봉오리에도
혐오스러운 벌레가 살지 않던가.
모든 사람은 잘못을 저지르며, 나 또한 그렇네.
그대의 허물을 비교로 정당화하며,
내 스스로를 타락시키고, 그대의 잘못을 덮어 주며,
그대의 죄보다 더 많은 변명을 만들고 있도다.
그대의 감각적 잘못에 나는 이성을 끌어들이고,
그대의 적이 되어야 할 내가 변호인이 되어,
나 자신을 상대로 정당한 소송을 시작하네.
이렇듯 나의 사랑과 미움 속에 내전[16]이 있어,
    나는 필연코 공범이 되리라,
    나를 쓸쓸히 훔친 그 달콤한 도둑의 공범이.

---

16 civil war in my love and hate: 내면의 갈등, 사랑과 분노가 동시에 존재하는 복합적 감정.

소네트 XXXVI

나는 고백하리, 우리가 둘이어야 함을,
비록 나뉠 수 없는 사랑이 하나일지라도.
그래서 나와 함께 남은 얼룩들은,
그대 도움 없이, 나 홀로 감당해야 하리.
우리 둘의 사랑에는 단 하나의 뜻이 있지만,
우리 삶에는 갈라놓는 악의가 있어,
그것이 사랑의 본질을 바꾸진 않더라도,
사랑의 즐거운 시간을 훔쳐가 버린다.
나는 더 이상 공개적으로 그대를 인정하지 못하리,
내 한탄스런 죄가 그대에게 수치를 줄까 두려워.
그대도 공개적인 친절로 나를 기릴 수 없으리,
그대의 이름에서 그 명예를 빼앗지 않는 한.

    그러나 그렇게는 하지 마오,
    나는 그대를 그런 방식으로 사랑하니,
    그대가 내 사람이라면,
    그대의 명예는 곧 나의 명예이기 때문이오.

소네트 XXXVII

늙고 쇠약한 아버지가

젊은 아들의 활기찬 행위를 보고 기뻐하듯,

나는, 운명의 가혹한 모욕에 절름발이가 되었어도,

그대의 가치와 진실에서 모든 위안을 얻네.

아름다움이든, 출신이든, 부든, 지혜든,

혹은 그 모든 것, 아니 그 이상이든,

그대의 부분 속에 왕관처럼 앉아 있다면,

나는 그 보물에 내 사랑을 접붙이네.

그러므로 나는 절름발이도, 가난한 자도,

경멸받는 자도 아니리.

그대의 그림자가 실체를 부여해,

그대의 풍요 속에 내가 만족하고,

그대의 영광의 한 조각으로 살아가니.

  세상에서 가장 좋은 것을,

  나는 그대 안에서 바라네.

  이 바람을 가졌으니, 나는 열 배나 행복하도다.

소네트 XXXVIII

그대가 숨 쉬며,

그대 자신의 달콤한 주제를 내 시에 부어 주는데,

어찌 내 뮤즈가 소재를 찾지 못하리오,

모든 평범한 종이로는 담아낼 수 없는

그대의 탁월함을?

오! 내 안에 무엇이든 그대 눈앞에

읽을 가치가 있다면,

그 공은 그대 스스로에게 돌리라.

그대가 발명에 빛을 주는데,

그대에게 글 쓰지 못할 이가 누구이겠는가?

그대는 열 번째 뮤즈[17]가 되리라,

시인들이 불러온 옛 아홉보다 열 배 더 귀한.

그대를 부르는 이는

세월을 넘어서는 영원한 시구를 낳으리.

> 만약 내 보잘것없는 뮤즈가 이
>
> 호기심 많은 시대를 기쁘게 한다면,
>
> 수고는 내 몫이나, 칭송은 그대의 것이리.

---

17 tenth Muse: 고대 그리스의 아홉 뮤즈에 덧붙여, 사랑하는 이를 '열 번째 뮤즈'로 부르는 표현.

소네트 XXXIX

오! 어떻게 그대의 가치를 예의 있게 노래할까,
그대가 내 안의 가장 나은 부분인데?
나 자신을 칭송하는 것이
내게 무슨 이익이 되리오?
그대를 찬미하는 것이 곧 나 자신을
찬미하는 것이라면?
그러니 이를 위해, 우리 갈라져 살아야 하리,
우리의 소중한 사랑이 하나라는 이름을 잠시 잃고,
이 분리로써, 그대만이 받을 만한
찬미를 드리기 위함이네.
오 부재여! 그대는 얼마나 큰 고통이던가,
그러나 그 쓰디쓴 여유가 달콤한 허락을
주지 않았더라면,
사랑의 생각으로 시간을 채우도록,
그 시간이 생각과 함께 달콤히
나를 속이지 않았다면.

    그대는 하나를 둘로 만드는 법을 가르쳤네,
    여기 남은 이를 찬미함으로,
    저기 있는 이를 기념케 하며.

소네트 XL

내 모든 사랑을 가져가라, 나의 사랑이여,

모두 가져가라.

그러고도, 그대가 전보다 더 얻은 것이 무엇인가?

참된 사랑이라 부를 수 있는 새로운 사랑은 없네.

내 모든 것은 이미 그대의 것이었으니.

그러니, 나의 사랑으로 그대를 받아들이는 한,

그대가 나의 사랑을 쓰는 것을 나는 탓하지 않으리.

그러나 그대 스스로 거부하던 것을

고의로 맛봄으로써 그대를 속였다면,

그건 탓받을 일.

부드러운 도둑이여, 그대의 도둑질을 용서하리라,

비록 그대가 나의 가난마저 모두 훔쳤다 해도.

그러나 사랑은 안다,

증오의 상처보다 사랑의 배신이 더 큰 슬픔임을.

    탐욕스러운 은혜[18]여,

    그대 안에서는 모든 악도 빛나 보이니,

    원한으로 나를 죽여도,

    우리는 원수가 될 수 없으리.

---

18   lascivious grace: 매혹적이면서도 위험한 사랑의 역설적 이미지.

소네트 XLII

그대가 그녀를 가진 것이 내 모든 슬픔은 아니나,

그녀를 진정 사랑했음을 부인할 수는 없네.

그녀가 그대를 가진 것이 내 통곡의 근원이요,

사랑의 상실 중에서도 나를 가장 아프게 건드리네.

사랑하는 죄인들[19]이여, 이렇게 너희를 변호하리라:

그대가 그녀를 사랑하는 것은,

내가 그녀를 사랑함을 알기 때문이요,

그녀가 나를 배신하는 것도,

나를 위한다고 핑계 짓네,

나의 친구를 받아들임으로써 나를 위한다며.

내가 그대를 잃으면, 내 상실은 그녀의 얻음이 되고,

그녀를 잃으면, 나의 친구가 그 상실을 얻네.

둘은 서로를 찾아내고, 나는 둘 모두를 잃고,

둘 다 나의 이름으로 이 십자가를 내게 지우네.

  그러나 여기 기쁨이 있도다: 나와 친구는 하나,

  달콤한 아첨이여!

  그렇다면 그녀는 오직 나만 사랑하는 셈.

---

19 사랑하는 죄인들(loving offenders): 사랑 때문에 서로를 배신한 친구와 연인을 동시에 가리키는 표현.

소네트 XLVII

나의 눈과 마음 사이에 조약이 맺어져,
이제 서로에게 친절을 베풀고 있네.
내 눈이 한눈팔이에 굶주리거나,
마음이 사랑에 눌려 한숨 속에 묻히면,
내 사랑의 초상으로 눈을 잔치하게 하고,
그 그림의 향연[20]에 마음을 초대하네.
또 다른 때엔, 내 눈이 내 마음의 손님이 되어
그의 사랑의 생각에 한몫을 나누지.
그리하여, 그대의 초상이나 나의 사랑을 통해,
그대는 멀리 있어도 여전히 내 곁에 있네.
그대는 나의 생각보다 멀리 갈 수 없고,
나는 여전히 그들과 함께,
그들은 그대와 함께 있으니.

    혹시 그들이 잠들더라도,
    내 눈앞의 그대의 초상이
    내 마음을 깨워, 마음과 눈을 기쁘게 하리라.

---

20 그림의 향연: 연인의 초상화나 기억 속 형상을 비유적으로 표현, 실제 부재 속에서도 사랑이 존재함을 강조.

Commentary

작품 해설

"욕망은 꽃으로 남았다"라는 제목은 셰익스피어의 「Venus and Adonis」의 결말을 묘사하는 것을 넘어, 작품의 핵심 정서를 함축적으로 응축한 표현이다. 한국 독자들에게 작품의 비극적이면서도 아름다운 여운을 즉각적으로 전달하기 위해 붙인 것이다.

이 제목은 특히 세 가지의 상징적 대비를 통해 의미를 심화한다. 첫째, 욕망의 덧없음과 흔적의 영원성이다. 비너스의 걷잡을 수 없는 육체적 욕망은 아도니스의 냉정한 거부와 폭력적인 죽음 앞에서 무력하게 좌절된다. 이 덧없는 욕망이 남긴 것은 아도니스의 피이다. 이 피에서 피어난 아네모네(anemone) 꽃은 그리스 신화에서 '바람의 꽃'으로 불리며 짧은 생명과 연약함을 상징한다. 하지만 이 꽃은 욕망의 실패가 아닌, 상실 이후에 남는 아름다움과 기억을 의미하며 덧없는 욕망조차도 영원히 기억될 수 있음을 은유한다.

둘째, 피와 꽃의 대비이다. 붉은 피는 잔혹한 죽음, 폭력, 상실의 고통을 시각적으로 강렬하게 보여준다.

반면, 이 피에서 피어난 붉은 꽃은 생명, 아름다움, 그리고 자연의 순환을 상징한다. 셰익스피어는 이 극적인 대비를 통해 인간의 가장 격렬한 감정과 자연의 평온함, 죽음과 생명이 공존하는 초월적 세계관을 제시한다.

셋째, 고전적 서사와 현대적 감성의 연결이다. 이 제목은 고대 신화의 서사를 현대적인 감각의 시어로 재해석하여 독자에게 감각적인 이미지를 제공한다. "욕망"이라는 단어는 비너스의 열정을, "꽃"은 아도니스의 죽음 이후에 남은 아름다움을 직관적으로 환기한다. 이처럼 제목은 단순한 요약이 아니라, 작품의 깊은 서정성과 비극미를 함축하여 오늘날의 독자들이 셰익스피어의 세계에 쉽게 몰입할 수 있도록 돕는 역할을 한다.

셰익스피어의 문체와 시대정신

윌리엄 셰익스피어의「욕망은 꽃으로 남았다」(Venus and Adonis, 1593)는 1592-1594년 런던 전역의 극장이 전염병으로 폐쇄되었던 시기에 셰익스피어가 극작 활동 대신 시인(poet)으로서 자신의 명성을 굳히기 위해 출간한 초기 작품이다. 이 시기는 영국 르네상스의 절정인 엘리자베스 시대(1558-1603)였으며, 고전 인문주의가 번성하여 그리스·로마 신화와 문학이 영국 문화에 깊은 영향을 미쳤다. 세계 탐험과 상업의 발달로 문화적 자신감이 넘치던 시기였고, 극장 문화가 활발해져 셰익스피어와 같은 극작가들이 두각을 나타냈다. 이후 제임스 1세 시대(1603-1625)에는 왕실의 후원을 받으며 더욱 큰 명성을 얻었지만, 사회적 불안정과 정치적 음모가 심화되면서 그의 후기 비극 작품들에 영향을 미치기도 했다. 극장이 흑사병으로 자주 폐쇄되었던 시대적 혼란은 셰익스피어가 무대가 아닌 시(詩)를 통해 독자층을 넓히는 계기가 되었다.

셰익스피어의 문체는 이러한 시대정신을 반영하며 고대 로마의 서정 시인 오비디우스(Ovidius)의 영향을 깊이 받았다. 그는 오비디우스의 '관능적 감수성(sensuous imagination)'을 계승하여 시 전반에 걸쳐 풍부한 비유와 관능적인 표현을 가득 담는다. 그의 문체는 특히 풍부한 비유와 이미지를 특징으로 하는데, 인물의 감정과 신체를 자연, 보석, 날씨 등에 빗대어 표현하는 방식을 자주 사용한다는 것을 알 수 있다. 또한, 그는 사랑과 죽음, 희망과 절망 같은 극단적인 대비와 반전을 활용해 작품에 긴장감을 더하고, 말장난과 재치 있는 언어유희를 즐겨 사용해 인물의 성격을 자연스럽게 드러낸다. 비너스가 입맞춤과 포옹을 청할 때의 뜨거운 단어들과, 이를 귀찮아하며 밀어내는 아도니스의 담담한 말투는 번갈아 나타나 독자에게 열정과 냉정이 오가는 강한 인상을 남긴다. 시 중간에 등장하는 말(馬) 이야기—한 종마가 암말을 뒤쫓아 질주하는 장면—는 본능적 욕망을 비유한 동시에, 욕망을 거부하는 아도니스의 태도와 극명하게 대비되는 장치이다. 그의 작품 전반에 걸친 심리 묘사와 인간 탐구는 인물을 단순한 영웅이나 악인이 아닌, 복잡하고 모순적인 존재로 그려내는 데 기여했다. 이처럼 셰익스피어는 다양한 문체와 기법을 구사하며 당대 최고의 서정시인이자 르네상스적 지식인이었음을 증명하는 작품을 남겼다.

'르네상스적 지식인'이란 한 분야에 국한되지 않고 여러 분야에 걸쳐 뛰어난 재능과 폭넓은 지식을 갖춘 사람을 의미한다. 셰익스피어가 이와 같은 인물로 평가받는 것은 단순한 극작가를 넘어 시, 비극, 희극 등 다양한 장르를 넘나들며 탁월한 역량을 보여주었기 때문이다. 특히 《욕망은 꽃으로 남았다》는 그의 깊은 고전문학 지식과 예술적 감수성이 결합된 결과물로, 인문주의적 이상을 작품을 통해 구현한 대표적인 사례라 할 수 있다. 그는 극장이 폐쇄된 혼란스러운 시기에도 창작 활동을 멈추지 않고, 희곡이 아닌 시로 대중과 소통하며 자신의 지적, 예술적 영역을 확장해 나갔다. 이러한 다재다능함과 시대적 한계를 뛰어넘는 창작 열정이 바로 그를 진정한 르네상스적 지식인으로 만든다.

신화와 다른 점: 욕망과 언어의 심리극

이 작품은 종종 원천 이야기로 언급되는 오비디우스의 『변신 이야기』와 닮았지만, 몇 가지 중요한 차이를 보인다. 오비디우스는 아도니스의 죽음 후 꽃으로 변신하는 초자연적이고 서사적인 사건에 중점을 둔다. 그러나 셰익스피어는 비너스가 아도니스를 설득하려다 거부당하는 '거부된 욕망'이라는 한 장면을 확대하여 언어와 심리의 긴장감으로 가득 찬 드라마로 재구성한다. 그 결과 비너스는 만능의 여신이 아니라 감정에 휩쓸리는 인간적인 인물로 그려지고, 아도니스는 순결과 무관심, 아직 미성숙한 태도가 뒤섞인 복잡한 성격으로 재구성된다. 그는 사건의 흐름보다 말과 말의 무게를 통해 긴장을 키우고, 여신의 열정을 설교와 논리로 포장된 언어로 드러내면서, 이를 무력화하는 소년의 '사냥' 이야기로 대립시킨다. 이렇게 셰익스피어는 신화를 단순한 줄거리로 소비하지 않고, 욕망이 설득의 언어로 변하는 순간을 집요하게 관찰한다.

이 작품에서 신화적 핵심은 변신이 아니라 '대화'에 있다. 비너스는 단순히 사랑을 갈구하는 여신이 아니라, 자신의 욕망을 정당화하기 위해 갖가지 수사학적 기법을 동원하는 능변가로 등장한다. 그녀는 수많은 비유와 논리를 동원하며 아도니스를 설득하고, 거절하는 것이 얼마나 자연의 섭리에 어긋나는지 논파하려 한다. 반면 아도니스는 단순한 순진한 소년이 아니라, 비너스의 열정적인 구애를 논리적으로 회피하는 인물이다. 그는 사냥에 대한 자신의 욕망을 내세우며 비너스의 사랑이 아닌 자신의 목표를 추구하겠다고 선언한다.

셰익스피어가 신화의 핵심을 변신이 아닌 심리극으로 전환한 것은 현대 독자에게도 깊은 공감을 불러일으키는 가장 중요한 지점이다. 신화적 변신 이야기가 신과 운명의 힘을 다뤘다면, 셰익스피어는 **인간의 내면적 갈등과 욕망을 언어의 힘**으로 풀어냈다. 이는 르네상스 인문주의의 핵심인 '인간 중심적 사고'를 반영한 것으로, 운명에 순응하는 대신 자신의 의지와 욕망을 관철하려는 인간의 모습을 섬세하게 조명한다. 이러한 서사적 전환 덕분에 이 작품은 오늘날 독자에게도 매우 현대적으로 느껴진다. 비너스의 끈질긴 설득과 아도니스의 단호한 거절은 현대 로맨스에서 흔히 볼 수 있는 '추격과 회피', '연상연하 커플', '테토녀-에겐남' 같은 익숙한 플롯의 원형이다. 특히 언어를 통해 상대를 설득하고 거절하는 이들의 심리적 공방은 단순한 사건 나열을 넘어, 인간 관계에서 나타나는 미묘한 긴장과 감정의 복합성을 보여준다. 이처럼 셰익스피어는 신화를 통해 초월적 존재의 이야기를 들려주는 대신, 욕망에 사로잡히고 좌절하는 '우리 자신'의 모습을 그려내며 시대를 초월한 보편성을 획득했다.

현대적 독서 포인트와 형식의 매력

《욕망은 꽃으로 남았다》는 400년이 넘는 세월이 지났지만, 현대 독자에게도 여전히 매력적으로 다가오는 요소들을 담고 있다. 예를 들어, 전통적인 성 역할이 뒤바뀐 구도는 오늘날 로맨스 소설이나 드라마에서 흔히 볼 수 있는 '권력 역전' 플롯의 고전적 예시가 된다. 비너스는 적극적으로 구애하고, 아도니스는 냉정하게 거부하는 역할은 당시로서는 매우 파격적인 설정이었다. 이와 더불어, 셰익스피어는 인물의 입술, 숨결, 피부와 같은 신체 부위를 과일, 보석, 날씨 등에 비유하여 생생한 '클로즈업'을 만든다. 이러한 감각적 이미지는 마치 카메라가 인물을 따라가듯 독자에게 미세한 감정과 감각을 직접적으로 전달하는 효과를 준다.

또한, 이 시는 6행 연으로 이루어진 독특한 연(stanza) 구조를 사용한다. 각 연의 운율 배열인 ababcc는, 앞의 네 줄에서 상황을 전개한 뒤 마지막 두 줄에서 통찰이나 결론을 함축하여 강력한 여운을 남긴다. 이 형식을 흔히 '비너스와 아도니스 연'이라고 부르며, 그 이유는 명확하다. 앞의 네 줄(abab)은 상황과 감정을 교차시켜 전개하고, 마지막 두 줄(cc)은 통찰이나 반전, 결론을 간단하고 강하게 마무리한다. 그래서 각 연은 작은 장면이자 논리 단위로 기능하고, 마지막 두 줄은 시의 생각과 감정을 농축해 독자에게 깊은 여운을 남기는 역할을 한다. 이번 번역판은 판형 때문에 6행 배열을 그대로 살리기 어려워, 마지막 두 줄을 볼드체로 굵게 처리하여 시각적 구분을 주어 이 결말의 힘을 강조하였다. 최대한 독자가 페이지를 넘길 때마다 시의 리듬과 결구를 눈으로도 느낄 수 있게 구성하였다.

예술적·문화적 영향

예술사적으로 이 작품은 엘리자베스 시대의 문화적 흐름에 깊은 영향을 미쳤다. 르네상스 시대 화가들, 예를 들어 티치아노가 그린 관능적인 비너스 이미지에 문학적 생명력을 불어넣었으며, 동시에 욕망, 죽음, 아름다운 슬픔이라는 주제로 이후 예술가들에게 새로운 영감을 제공했다. 다른 한편으로는 이후 엘리자베스 시대와 제임스 시대의 시인들이 즐겨 쓰게 될 에로틱한 서정시의 새로운 지평을 열었다. 동시대의 크리스토퍼 말로가 쓴 「히어로와 리앤더 Hero and Leander」가 비슷한 오비디우스 계열의 이야기를 변주하여 서사 자체에 집중했다면, 셰익스피어의 작품은 거부된 욕망과 심리, 언어의 힘에 더 오래 집중하면서 이후의 심리극과 연애희극에 필요한 언어적 자원을 넓혀 주었다. (ababcc 연을 활용한 작은 장면과 결말의 대비 기법에 선례를 남겼다.) 당시 런던 극장이 문을 닫으며 희곡 출판이 부진했던 상황에서도, 이 시는 대중적 성공을 거두며 여러 차례 재출판되었고, 셰익스피어가 극작가를 넘어 당대 최고의 시인으로 자리매김하는 결정적 계기가 되었다. 지금까지도 젠더 연구, 감각 표현 연구, 애도의 서사를 탐구하는 고전으로 꾸준히 읽히고 있다.

《욕망은 꽃으로 남았다》는 단순히 신화의 비극을 다시 이야기하는 텍스트가 아니다. 이 작품은 욕망과 거부가 언어 속에서 어떻게 만들어지고 부서지는지를 보여주는 드라마이다. 이 작품을 읽을 때, 단순한 신화의 줄거리를 따라가기보다는 욕망과 거절, 생명과 죽음이 언어 속에서 어떻게 살아 움직이는지, 그리고 전통적 성 역할을 뒤집은 셰익스피어의 시선이 얼마나 현대적으로 느껴지는지를 음미하며 읽어보기를 소망한다.

더불어, '비너스와 아도니스'를 이어 사랑과 관련된 셰익스피어의 소네트도 함께 실었다. 특히 이번에 번역된 I-XLVII 중 여러 편은 엘리자베스 시대의 전형적인 셰익스피어식 소네트 구조(ABAB CDCD EFEF GG)를 따르며, 마지막 두 행의 쌍행을 통해 앞선 사유를 뒤집거나 요약하며 강한 여운을 남긴다. 이들은 흔히 "청년기 소네트(Fair Youth Sonnets)"라 불리며, 이름 없는 아름다운 청년에게 바치는 찬미, 충고, 사랑과 질투를 주제로 한다. '비너스와 아도니스'와 마찬가지로 원문의 소네트 구조를 옮기는 것에 어려움이 있어 마지막 두 행은 띄어쓰기로 구분했다. 번역된 시들 속에서 가장 두드러지는 모티프는 시간과 죽음이다. 소네트 XIX, XXX, XXXV, XLV 등에서 탐식하는 시간과 냉혹한 죽음은 반복적으로 등장하고, 시인은 아름다움과 청춘의 필멸성을 직시하면서도 시와 자손을 통해 영속을 찾는다. 소네트 XVIII이나 XIII에서 그는 후손을 낳아 아름다움을 이어가라 권하거나, 자신의 시가 그 사랑을 영원히 살려낼 것이라 선언한다. 그러나 이 소네트들은 단순히 영원한 사랑을 찬미하는 데 머물지 않는다.

소네트 XL~XLII에서 보이는 삼각관계는 사랑의 배신과 질투, 변명을 함께 담으며 관계의 복잡성과 자기모순을 드러낸다. 이런 갈등은 셰익스피어가 인간 감정의 음영을 얼마나 깊이 탐구했는지를 보여준다. 또한 시인에게 자연과 우주적 이미지—태양, 구름, 불사조, 메리골드, 별—는 단순한 장식이 아니라, 운명과 감정의 비유이자 시간의 변화를 상징하는 언어로 작동한다. 그는 태양의 빛과 구름의 그림자를 인간의 사랑과 배신에 빗대고, 별들의 움직임 속에서 운명의 불가해함을 읽어낸다.

이 소네트들은 동시에 예술의 불멸성을 강조한다. 소네트 XVIII의 "이 시가 사는 한, 그대도 이 시로 살아남으리"라는 유명한 선언처럼, 셰익스피어는 자신의 언어가 시간과 죽음을 초월해 사랑을 지켜낼 것이라 믿었다. XX, XXXVI, XXXIX 등에서는 정체성과 관계의 경계를 흔드는 표현도 발견된다. 그는 사랑하는 이를 찬미하는 것이 곧 자신을 찬미하는 것임을 자각하고, 두 사람이 나뉘어야 오히려 진정한 찬미를 줄 수 있다고 고백한다. 특히 소네트 XX에서는 성별과 욕망의 경계를 흐려 르네상스 시대를 넘어선 파격적 시선을 보여준다. 이런 요소들은 소네트가 단순한 연애시가 아니라 인간의 정체성과 감정의 복합성을 탐구하는 철학적 작품임을 증명한다.

언어적 특징 면에서, 이 시들은 풍부한 비유와 은유, 반복과 대조를 통해 생동감을 얻고 있다. 대조와 전환은 부정적 이미지에서 마지막 쌍행으로의 급격한 희망 전환으로 자주 나타난다. 예컨대 소네트 XXIX는 절망으로 시작해 연인을 떠올리는 순간 왕보다 부유한 자가 된다. 또한, 고전적인 수사 속에서도 연인이나 친구에게 직접 말을 거는 친밀하고 직설적인 어조가 공존해 현대 독자에게도 감정의 진실성이 강하게 전해진다. 이런 점에서 셰익스피어의 소네트는 개인적 감정과 보편적 사유, 자연 이미지와 철학적 통찰을 결합해 단순한 사랑의 노래를 넘어선 깊이를 보여준다. 번역된 작품들은 사랑을 통한 구원(XXIX, XXX), 아름다움의 덧없음과 시간의 무정함(XII, XIX, XXXV), 시와 기억을 통한 불멸의 약속(XVIII, XXXVIII, XXXII), 그리고 인간관계 속 질투와 배신, 자기모순(XL~XLII)을 통해 셰익스피어의 인간 이해와 시적 상상력이 얼마나 다층적인지를 드러낸다. 이 모든 점에서 이번 번역 작업은 단순한 의미 전달을 넘어, 셰익스피어 언어의 울림과 리듬을 현대 한국어 속에 되살리려는 시도라 할 수 있다.

마이너스

2025년 9월

작가 연보

1560~1580년대

1564 잉글랜드 스트랫퍼드어폰에이번에서 태어남(세례 기록은 4월 26일). 아버지 존 셰익스피어는 상인 겸 시의원, 어머니 메리 아든은 농가 출신.

1571~1578 스트랫퍼드의 그래머 스쿨에서 고전 라틴어, 수사학, 성서 등을 배움. 대학 교육은 받지 않음.

1582 18세의 나이에 26세의 앤 해서웨이와 결혼.

1583 첫 딸 수산나 출생.

1585 쌍둥이 자녀 해뭇과 주디스 출생. 이후 1585~1592년 사이의 활동 기록이 없어 이 시기를 '잃어버린 세월(Lost Years)'이라 부름.

1590년대

1592   런던의 극작가 로버트 그린이 글에서 셰익스피어를 언급하며 그의 활동이 처음 기록됨.

1593   전염병으로 극장이 폐쇄된 사이, 첫 서사시 「욕망은 꽃으로 남았다 Venus and Adonis」 출간. 사우샘프턴 백작에게 헌정.

1594   서사시 「The Rape of Lucrece」 발표. 배우 겸 극작가로 로드 챔벌린 극단(Lord Chamberlain's Men)에 합류.

1595~1599   초기 희곡 활발히 집필. 「로미오와 줄리엣」(1595), 「한여름 밤의 꿈」(1595~1596), 「리처드 2세」(1595), 「리처드 3세」(1592~1594), 「헨리 4세」 1·2부(1596~1598) 등을 집필.

1599   동료들과 함께 글로브 극장을 설립. 「줄리어스 시저」(1599), 「헨리 5세」(1599) 발표.

1600~1610년대 초

1613　　　　글로브 극장이 화재로 전소. 같은 해 「헨리 8세」 상연.

1613~1614　스트랫퍼드어폰에이번으로 돌아가 은퇴 생활 시작.

1616.4.23　52세의 나이로 사망. 스트랫퍼드의 홀리 트리니티 교회에 매장됨.

말년과 사망

1623   동료 배우 존 헤밍과 헨리 콘델이 그의 희곡 36편을 모아 『퍼스트 폴리오(First Folio)』로 간행, 셰익스피어의 작품이 본격적으로 문학사에 자리잡음.

욕망은 꽃으로 남았다

초판 1쇄 발행 2025년 9월 30일

지 은 이	윌리엄 셰익스피어
옮 긴 이	마이너스
펴 낸 이	송누리
편 집	강영은
디 자 인	강영은
마 케 팅	김경래, 최승윤
펴 낸 곳	해밀누리
등록번호	제2024-000196호
등록일자	2024년 8월 16일
주 소	서울, 마포구 성지길 25-11, 지층 1190호 (합정동)
메 일	haemilnuli@gmail.com
I S B N	979-11-7505-204-8 03840

* 이 책에 대한 출판·판매 등의 모든 권한은 해밀누리에 있습니다.
  간단한 서평을 제외하고는 해밀누리의 서면 허락 없이 이 책의 내용을
  복사·인용·촬영·녹음·재편집하거나 전자문서 등으로 변환할 수 없습니다.
* 책값은 뒤표지에 있습니다.
* 잘못된 책은 구입처에서 교환해 드립니다.